文心经典

顾之川 主编

高语罕 著

国文作法

文心出版社

·郑州·

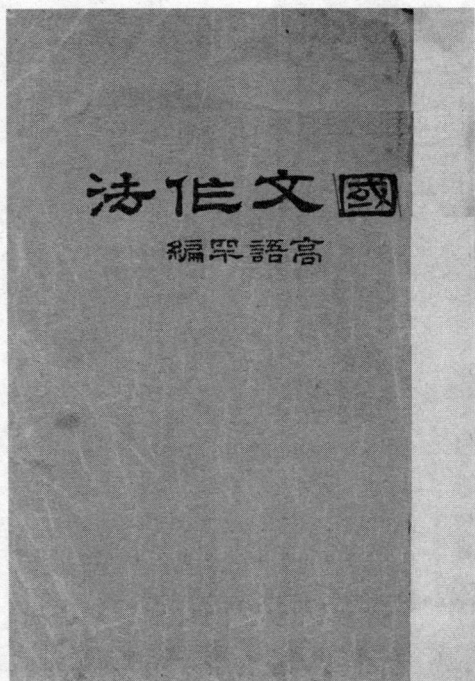

《国文作法》亚东图书馆 1922 年 8 月初版

《国文作法》亚东图书馆 1930 年 10 月第 11 版影印

总　序

◇顾之川

　　我国古代有所谓"三不朽"之说，指立德、立功、立言。其中"立言"就是指著书立说，而且要具有真知灼见。立言本来有两种形式，可以是口头表达，也可以是书面表达，即写成文章。但由于我国文化教育传统一向重文轻言，重书面语而轻视口语，所谓"君子欲讷于言而敏于行"（《论语·里仁》），"言多必失"，"祸从口出"，所以书面写作就成为古人"立言"的主要表达方式。曹丕《典论·论文》所谓"盖文章，经国之大业，不朽之盛事"就是指文章写作。

　　一个人的语文素养是其综合素质的重要标志，具体表现为听、说、读、写等基本能力，其中写作能力又是其语文素养的综合体现。孔子在《论语》中说："词达而已矣"，"言之不文，行而不远"。美国最新公布的 SAT 考试〔1〕方案，也只考论据阅读与写作、数学、作文，不仅阅读中有写作，还要单独写一篇作文。可见，运用语言文字表情达意的写作能力是中外衡量人才的共同标准，作文教学因而也成为古今中外母语教学的重要组成部分。

在我国文化教育史上，曾经涌现出一大批杰出的教育家和文学理论家，他们留下了丰厚的经典著作，是我国优秀文化遗产的一个重要组成部分。其中有些著作，记录着他们在作文教学方面的真知灼见。这些经典著作及蕴涵其中的作文教学理论，是我们今天研究作文教学乃至语文教育的丰富矿藏，也是珍贵资源，值得珍惜。刘国正先生在中国教育学会中学语文教学专业委员会第七届年会暨庆祝成立 20 周年大会（1999 年 10 月，天津）开幕词中说："多年来，我们积累了许多经验，依我看，至关重要的至少有两条。一是正确处理继承和发展的关系，在继承中求发展。我国语文教育的传统，从孔夫子到叶圣陶，历史悠久，博大精深，是一个内涵无比丰富的宝库。我们要尊重传统，科学地加以分析，吸取其中一切积极因素，以为发展当今语文教育的滋养。踢开传统，只能使自己贫困，带来灾难性后果。二是正确处理自

---

〔1〕 SAT 考试：即学术能力评估测试。考试成绩是世界各国高中生申请美国大学学习和奖学金的重要参考。

立与引进的关系。首先是自立，神州大地是我们的立足点。我们有水平很高的语文教育家，有成效显著、风格各异的语文教改经验。我们是富有的。对于自己的东西要充分重视，助其发展和推广。同时，又要把中国语文教学放在世界这个大视野里来观察，不断更新教学观念。对于国际上任何先进的东西、新鲜的东西都要认真加以研究，其中适合我国国情与教情的都要拿来，使之融入自己的肌体。自我封闭只能导致僵化和落后。总之，不管是过去的还是今天的，不管是自己的还是他人的，只要是有益的，我们就要认真地吸取。山不厌高，水不厌深，立足大地，不断革新。"[1]这是对鲁迅"拿来主义"思想的继承和发展，应该成为我们研究语文教育的基础和指导方针。

摆在读者面前的这套"文心经典"丛书，是由文心出版社组织策划出版的一套经典丛书，也是我国近现代教育大家的作文论代表作。所谓经典，是指传统的具有权威性的著作，这类著作往往以立意高远、见解深刻而穿越时空，因而能够常读常新，永不过时。如我国的《诗经》《楚辞》、诸子百家散文、唐诗宋词、明清四大名著等。在我看来，收入"文心经典"的著作，对于我们当前的作文教学来说，至少

---

〔1〕 中国教育学会中学语文教学专业委员会编《21 世纪中学语文教学展望·序》，新蕾出版社 2003 年 4 月版。

具有以下三方面的价值和意义。

一是发挥作文经典著作的参考价值。这些著作在我国语文教育史上都堪称经典，但有些为作者主要成就的盛名所掩（如梁启超、唐弢、朱德熙等），过去不大为人所知；有的是就语文教育的某一方面来阐发，内容相对分散。现在将其统一规划，整合出版，与语文教育研究的诸多内部要素形成互补，相互映衬，无疑对中国语文教育研究具有十分重要的参考价值。二是作文论的学术积累意义。这些著作或就文章写作，或就阅读方法，或就作文之法，或就文章语言等方面，或作系统阐述，自成一说；或为零散示范，具有可操作性。无论哪一领域，哪一方面，或采取何种表述方式，提出何种理论方法，都具有很高的学术价值，理当得到传承和发扬。三是对写作教学的指导意义。这些著作因其自身都具有很强的指导意义，再附以相关语文教育专家的导读，可以将其作文教学的理论成果更好地应用于作文教学实践，从而发挥其应有的指导作用。

为了帮助读者阅读，我们邀请国内对作文教学具有相当研究的专家为每部著作写一篇导读。需要说明的是，这些导读文字不作统一要求，有的是对经典名著的作者做简要介绍，侧重于作者在语文教育方面的活动、在阅读写作或语文教育上的地位和突出贡献，有的侧重于介绍该经典著作的基本思想和主要观点，有的侧重于该经典名著的价值与影响。

一般不作考据性研究。在写作风格上也充分尊重作者的个性特点。具体分工是：

"文心经典"第一辑：

温立三：吕云彪、戴渭清、陆友伯《白话文做法》；

顾振彪：叶圣陶《作文论》；

顾之川：周侯于《作文述要》；

陈尔杰：汪馥泉《怎样做文章》；

顾振彪：夏丏尊《文章讲话》；

顾振彪：沐绍良、方健明《写作指引》；

温立三：朱德熙《作文指导》；

方麟：谭正璧《习作初步》；

顾之川：唐弢《文章修养》。

"文心经典"第二辑：

王鹏伟：陈望道《作文法讲义》；

潘新和：梁启超《中学以上作文教学法》；

刘锡庆：高语罕《国文作法》；

温立三：夏丏尊、刘薰宇《文章作法》；

张伟忠：章依萍《作文讲话》；

管然荣：顾凤城《实用作文法》；

方麟：周乐山《作文法精义》；

王土荣：郭挹清《中学作文法》。

……

我们希望通过这些导读文字，能为广大读者阅读这些经典名著提供些许帮助。当然，导读文字尽量做到客观、公允，但也难免会有作者的一孔之见，这是要请各位读者明鉴的。

文心出版社是我国唯一的一家专业作文出版社，由作文而及教育，由教育而及大众和专业出版，因而形成了鲜明的品牌特色。按照计划，这套丛书以后还将陆续推出阅读及语文教育方面的经典著作。我们期待着该社出版更多语文教育类学术精品，以繁荣我国语文教育研究，惠及广大语文教育工作者，更期待着我国语文教育研究繁花似锦，春光满园！

2015 年国庆节
于京东大运河畔之两不厌居

《国文作法》导读

◇刘锡庆

　　高语罕（1887~1948），原名高超，汉族，安徽省寿县正阳关盐店巷人。

　　他早年在凤阳（安徽）"经世学堂"学习。光绪三十一年（1905），考入安庆"陆军测绘学堂"。光绪三十四年（1908），参加熊成基领导的马炮营起义，不久帮助韩衍创办《通俗报》。宣统三年（1911），辛亥革命安庆独立之后，他任安徽青年军秘书长，得以结识陈独秀。民国元年（1912）4月，韩衍遇刺之后，他赴青岛任教，并改名"高语罕"。

　　民国三年（1914）底，高语罕赴上海，参与陈独秀等人发起的新文化运动，此后接连在《新青年》杂志上发表《青年与国家之前途》《青年之敌》《青岛茹痛记》等文章。民国五年（1916）秋，高回芜湖，担任安徽省立第五中学学监并兼授英文。民国六年（1917）至民国七年（1918），他和刘希平等人创办学生自治会、工读学校、平民夜校、商业夜校，宣传新文化。期间，他还发起成立无政府主义团体"安社"，主要成员包括蒋光慈、阿英、李克安等，还编辑出版《自由之花》。

1919 年"五四运动"爆发后，他发动安徽五中学生赴各校联络，并且在校内外公开演讲，号召罢市、罢工、罢课，以声援北京学生。民国八年（1919）7 月，在皖南镇守使马联甲逼迫之下，高遭到省五中解聘。同年秋到安徽省立第二甲种农业学校任教务主任，因和校长冲突而赴上海。民国九年（1920）8 月，高赴北京，经李大钊、张申府介绍，参加北京共产主义小组以及马克思主义研究会。同年 10 月下旬，接受省立五中新任校长刘希平的邀请回校任教，并且陆续介绍董亦湘、沈泽民等人赴该校任教，使该中学成为"五四运动"时期宣传马克思主义的阵地。

民国十年（1921）1 月，高语罕著《白话书信》出版，后多次修订再版，累计发行达 10 万多册，风靡一时，影响甚巨。该书是他为芜湖商业夜校学生授课用的讲义，内容涉及社会、政治、伦理、哲学、恋爱、婚姻、教育、文化、社交、经商等方面。同年 5 月，经高语罕等人推动，《芜湖学生会旬刊》创刊，他还组织了"芜湖学社"，创办了《芜湖》半月刊。1921 年安庆"六·二"学潮爆发后，高领导芜湖师生声援，并和文教界名人共同发起成立"安庆六·二惨案后援会"。1921年8月至10月，他率芜湖学生赴安庆，参加推翻第三届安徽省议会和驱逐安徽省省长李兆珍的斗争并取得最终胜利。10月下旬，高赴上海，向周佛海推荐了安庆学生宋诗年、唐道海出席远东各国共产党及民族革命团体第一次代表大会。

民国十一年（1922）8月，高与郑太朴、章伯钧等人赴德留学，高入哥廷根大学学习哲学。同年，他参加中共旅欧总支部德国支部。民国十三年（1924）6月，他为蒋光慈的新诗集《新梦》作"序"。民国十四年（1925）春，高语罕归国。不久，他和薛卓汉介绍朱蕴山加入中国共产党。同年8月回安徽，代表中央指导中国国民党安徽省党部的工作及青年团建党工作。到芜湖以后，高发展了王坦甫（后来成为芜湖第一任团地委书记）等人入党。

民国十四年12月，高语罕离开安徽赴广州，出任"黄埔军校"政治教官，教授《政治学概论》，被誉为"最受学生欢迎的政治教官"之一。民国十五年（1926）1月16日，高出席中国国民党第二次全国代表大会，担任出席大会的中共党团书记，当选为中国国民党中央监察委员。同年3月20日，发生中山舰事件，蒋介石指责高语罕、恽代英、邓演达、张治中为"黄埔四凶"，下令逮捕，后来又撤回命令。高乃转赴上海。同年秋，高介绍阿英加入中国共产党。

北伐战争开始后，高任国民革命军第二方面军总指挥张发奎的秘书长。不久，高随陈独秀赴武汉，担任《民国日报》社社长，并且担任在武汉成立的安徽党务干部学校校长。民国十六年（1927）4月初，高出席了在武汉举行的中国国民党安徽省第一次代表大会，并当选为执行委员。会后，经高语罕指导，揭露蒋介石在安庆的反革命行为的《三·二三事变宣传提纲》刊行。

民国十六年"八七会议"之后，高赴上海，参加了阿英、蒋光慈、李克农等人组成的"春野支部"，并曾代表中央指导"太阳社"的文艺工作，思想逐渐倾向托洛斯基主义。民国十八年（1929）11月，高被中国共产党开除党籍。同年12月15日，高和陈独秀等81人发表《我们的政治意见书》。

民国二十一年（1932）10月15日，陈独秀在上海遭到逮捕，高逃往香港。民国二十六年（1937）"八一三事变"后，陈独秀获释出狱，高自香港赴南京，与陈独秀取得联系，此后一直作为陈独秀的代言人，其间曾同蒋介石会晤。同年9月，随陈独秀赴武汉。民国二十七年（1938）5月，随陈独秀入四川隐居。

民国二十七年至民国三十一年（1942），高语罕闲居四川省江津县，常在重庆《大公报》《新民报》上发表诗文。民国三十一年3月底，陈独秀因受他人挑唆而与高语罕绝交。同年5月27日，陈独秀病逝，高语罕为其料理后事。5

月 29 日，高语罕撰写《参与陈独秀先生葬仪感言》一文，此后接连撰文对陈独秀加以评价。

民国三十二年（1943）至民国三十四年（1945），高语罕由江津迁居重庆，寄居在《新民报》社长兼主编陈铭德家里。《新民报》曾经辟出"语罕近诗"专栏，刊登高语罕的旧体诗，其中既有怀旧作品，也有反映抗日的作品。民国三十六年（1946）春，高语罕随《新民报》迁往南京，当时他贫病交加，许多原来安徽省立第五中学、省立第二甲种农业学校的学生加以接济。

民国三十七年（1948），高语罕在南京病逝。终年 61 岁。其墓在南京市南门外花神庙旁边。

高语罕是中华民国教育家、政治活动家、早期马克思主义在中国的传播者。

像他这样学养深厚、业绩不凡的先行者，之所以死后长期坐"冷板凳"，不为世人所知所重，怕是沾了陈独秀的"光"：陈独秀从"中共六大"以后就被死死地钉在了"十宗罪"上，即机会主义的二次革命论、右倾机会主义、右倾投降主义、托陈取消派、反苏、反共产国际、反党、反革命、汉奸、叛徒。而高与陈二人惺惺相惜、私交甚笃。陈走背运高岂能无干？果然，1929 年 11 月两人双双被开除出党。

根据有关权威党史专家（如唐宝林等）研究，陈独秀所谓"十大罪状"皆为"莫须有"。实际上"陈独秀是五四运动的总司令"、中共建党的"第一功臣"等。开除陈是"党内民主"尚不健全之反映。同理，高被开除似也可商榷。

再说一下《国文作法》这本书。

高著据"自序"言：写于上海或杭州的"民国十年"（1921）。正式出版为"中华民国十一年八月"，即1921年8月。书名下有"高语罕编"四字。版权页署明发行、出版皆为："上海五马路棋盘街西首亚东图书馆"。

《国文作法》除"自序"外，计两编：第一编 通论（含七章：一、国文作法的意义；二、作文的初步；三、文字的要素；四、文字的戒律；五、文字的美质；六、文字的精神；七、文字的构造）。第二编 文体（含五章：一、叙述文；二、叙述文的作法；三、描写文；四、解说文；五、论辩文）。书后是"附录：书信的写法；标点字号"。

我读了高先生大作后，感言有五：

一、作者思想十分了得！在"民初"即能在书里公然宣传马克思主义，颂扬《共产党宣言》，肯定五四爱国学生的伟大创举（如游行示威、组织社团、出版刊物等）——不仅先进，而且超前！他真是一个中国早期笃信并宣传马克思主义的先行者！

二、高语罕是中华民国时期一位著名的教育家，他以《国文作法》成为中国早期语文教育的先行者！作者的"文章观"如：坚持"大众"立场、看重文章"气势"、注重

"文字功夫"等，都很可贵。

三、高著实际问世时间是 1932 年 8 月。这类作文指导书它绝对在现代语文著作的前五名内，加之高语罕因懂好几种外语，中外俱通，因此其书的质量上乘，对后世影响较大。

四、高著为早期白话著作，引用文言不少——看来那时的读者普遍"文言水平"较高；但它引用现代白话小说亦多，可贵！

五、高著涉猎"文史哲经"方方面面，随手拈来，妥帖自然，恰到好处；举例"诗文兼顾"，林林总总，古今中外，名著新秀，视野开阔，充分表现了高语罕学养的功底深厚。

写于 2014 年 6 月 10 日

目录

自　序

　　此书强半为吾在上海平民女校之讲演，其余则今夏浪游西湖时续成之作也。夫为文本无成法；文成而法立。今兹所言，其亦不免"代大匠斫"之讥乎？然青年男女或由是而于文字组织与研究，得知所从入焉，是亦作者半年劳作之成功矣。若曰，此则方圆之规矩、五音之六律也，为文之道，其在斯乎，其在斯乎，则吾岂敢？

　　　　　　　　　　　　　　　一〇，八，六

　　　　　　　　　　　　高语罕于 Andre Lebon

第一编　通论

第一章　国文作法的意义

我们为什么要有文字？自然是济语言之穷，而代语言以传之"久""远"的了。我们为什么要研究国文？自然是因为一国有一国的风俗习惯、民族特性、特殊文化、特殊历史，不能不有一国的语言文字。语言文字的功用在那〔1〕里？就是发表思想传达情感。人类不能无情感、无思想，所以不能没有这样发表思想传达情感的工具。语言和文字的区别是什么？就是：

（1）用一种有系统、有组织的声音，发表思想传达情感的，就是语言。

（2）把这种语言，笔之于书，则为文字。

---

〔1〕　那：今写作"哪"。此类后同。

所以照文明的进化史看起来，文字的关系较之语言更为重要。因此我们不能不研究文字，尤不能不研究中国文字；我们不能不作文字，尤不能不作中国的文字。曾国藩说：

> ……至作文则所以沦此心之灵机也。心常用则活，不用则窒。如泉在地，不凿汲，则不得甘醴；如玉在璞，不切磋，则不成令器。今古名人，虽韩欧之文章，范韩之事业，程朱之道术，断无久不作文之理……——《曾文正公全集·复邓寅皆书》

美人奈尔（Robert Wilson Neal）说：

> 要成功的，就应当思想，而要思想的人，就应当把他心里的思想弄清楚。要把自己的思想弄清楚，就应该把他[1]正确地[2]组成言辞——文字。要使用文字正确，就应该明了言辞的意义——单词，由单词组成语句，再由语句组成更大的语群：文章哪，演说哪，书籍哪。要这样地做，就要实地操练言辞的用法；而做

---

〔1〕 他：今写作"它"。此类后同。
〔2〕 地：今写作"的"。此类后同。

文[1]的时候，又要十分小心和明白地去用言辞。所以要用思想的人，必须完全在作文上练习……（Thought Building in Composition）

照着上面两个人的说法看来，我们可得着下面三个结论：

(1) 要学习国文，就要常常做文。
(2) 要训练思想，也要常常做文。
(3) 要做个成功者，也要常常做文。

那末[2]，做文为什么要有做法[3]呢？古人不是说"文成法立"么？原来文字只是笔之于书的语言；语言只是人类顺应生活的自然结果，本无成法可言；语言既无成法可言，文字的组织，又那有成法呢？不过，语言是随时生灭，效力不能及于久远；文字则不然：由时间言之，可以传之千百世；由空间言之，可以传之千万里。唯其如是，他的组织自然要精密完整。虽说文字重在创造，然而把古今文家的作品的组织、方法，抽绎出来，分类而归纳，触类而旁通之，立为准绳，定为通例，作为研究国文或练习国文的一种参

---

〔1〕 做文：今写作 "作文"。 此类后同。
〔2〕 那末：今写作 "那么"。 此类后同。
〔3〕 做法：今写作 "作法"。 此类后同。

考，也未始没有相当的功用。不过我们要晓得：

　　作文法与文法不同。文法是研究或说明品词（Parts of Speech）的分类、关系、用法和他的位置；作文法是示人以文字（句的、段的和篇的）构造的方法。

　　作文法与修词[1]学不同。修词学的目的在把一句或一字在不失原意的范围内，修饰到精彩动人的地步；作文法的目的是由字而句、由句而段、由段而篇，构成一篇事实确凿、意义完整的文字。

　　作文法与文字学不同。文字学的目的在说明古今文字形体音义的起源和变迁；作文法的目的在以古今文学作品说明文字构造的方法。

---

〔1〕 修词：今写作 “修辞”。 此类后同。

第二章　作文的初步

第一节　选题

我们的思想是很复杂的，很混乱的，必须有一个对象，借着这一种对象，把关于这一类的思想集中了，才可以不致"无的放矢"；但是选择题目，也不是容易事。郑燮说：

作诗非难，命题为难。题高则诗高，题矮则诗矮，不可不慎也。少陵诗高绝千古，自不必言，即其命题，已早据百尺楼上矣。通体不能悉举，且就一二言之：《哀江头》《哀王孙》，伤亡国也；《新婚别》《无家别》《垂老别》《前后出塞》诸篇，悲戍役也；《兵车行》《丽人行》，乱之始也；《达行在所》三首，庆中兴也；《北征》《洗兵马》，喜复国望太平也。只一开卷，阅其题次，一种忧国忧民、忽悲忽喜之情，以及宗庙丘墟、关山劳戍之苦，宛然在目。其题如此，其诗有不痛心入骨者乎？——《板桥全集·寄舍弟墨第五书》

在板桥的意思，以为做诗[1]必须注意命题，命题好的，诗也就好，命题不好的，诗也作不好，其实做文也是这样。譬如吉百龄的《百愁门》，都德的《柏林之围》和《最后一课》，莫泊三[2]的《杀父母的儿子》和《二渔夫》，以及泰来夏甫的《决斗》，胡适的《终身大事》和《一个问题》，他们的意思，早已跃跃纸上，人人看来，或者都有"我未饮，心先醉"的情况，这便是一种勾人心魄的手段！我们家乡有一位打外国初回来的留学生，前年曾在我们省内报纸上发表了一篇文字，题做"未来之中国"，我想大家一听见这个题目，一定要伸舌头，那晓得这篇大文，总计不到一千字，这种广大无边的题目，自然不是千把字能说得了的，所以他也就没有做得好。这也并不完全关于他的学识，可是他是不善选择题目，那么选择题目究竟怎样呢？

（1）要部分的，不要全体的。我们与其拿"社会革

---

〔1〕 做诗：今写作"作诗"。此类后同。
〔2〕 莫泊三：通译为"莫泊桑"。

命"做题目，不如拿"工人解放""女子解放"做题目，与其拿"工人解放""女子解放"做题目，不如拿"工人教育""工人管理工厂"和"男女同学""社交公开""儿童公育"等等做题目。

（2）要具体的，不要抽象的。我们与其拿"中华民国之革命"做题目，不如拿"武汉起义""袁世凯称帝""孙文北伐"做题目；与其拿"上海人情的狡猾"做题目，不如拿"妇人骗人"或"女学生受骗"或"一个生产的妇女"做题目。

（3）要是自己的经验或观察。

（4）或是自己的想象。

（5）或是自己对于所研究的学科的见解。

（6）要有吸引力。

（7）要简单明了。

第二节　确定观点

确定观点就是确定作者对于命题的"观察点"（Point of View or View Point）。这也有几层应注意的事：

（1）作者的观察点，易为师承学派所囿。譬如从前服膺良知说的，则是陆王而非程朱；服膺格物说的，则是程朱而非陆王。近人从英国留学回来的，则其言论，十九皆受英国学者的先入之见的影响；从美国留学回来的，则又大半拘于美国学者的宗风。甚至同在美国留学，一个的师承是古典派，一个是新文学派，他俩的主张便绝对不同。——这是要避免的第一桩事。

（2）作者的观察点，易为主观的见解所蔽。荀子说："墨子蔽于天而不知文；宋子蔽于欲而不知得；慎子蔽于法而不知贤；申子蔽于势而不知知；惠子蔽于辞而不知实；庄子蔽于天而不知人。"皆是主观的见解蔽住了，所以不能像荀子说的"无欲、无恶、无始、无终、无近、无远、无博、无浅、无古、无今，兼陈万物而中悬衡焉。"——这是第二桩要避免的。

（3）作者的观察点，易为时代思想所囿。我们生在现在，去研究从前的政治、社会、宗教、历史，往往不可思议。然而，一时代有一时代的特殊事实，一时代即有一时代特殊的生活，所以一时代有一时代特殊的风尚，举凡所谓伦理观念、经济组织、家庭组织及其政治理想，皆有其特殊之历史，若以今日之思想相衡古人，一定身无完肤，要晓得文明是由人类自无始以来积铢累寸的遗留。譬如我们现在看康有为，不过是个老顽固，其实廿年前，前清政府看他，也就同现在政府看革命党和过激党一样，然而现在的政治革命的思想的进步若果寻流溯源，康有为不能说没有功劳。我们若全用现在的思想理论去责备康梁在那时不该主张保皇，不该提倡君主立宪，或是康有为在这时还作那主张君主立宪的文学，便违背了时代的进步的阶梯。——这是第三桩要避免的。

（4）作者的观察，易为地方的见解所束缚。一个地方有一个地方的风俗习惯。若是甲地方的人去观察乙地方的事，或是乙地方的人观察甲地方的事，往往不当事理。因为他平素受了生产的社会，或居留地的风俗习惯浸润久了，不知不觉，便成了第二天性。而论事衡情，也不知不觉便拿他的第二天性做推理的标准。譬如北方的家庭，无论父子兄弟妻妾儿女都睡在一个炕上，而小孩子不到几岁便替他娶老婆，南方人看了一定诧异。又如广东人吃蛇、吃猫、吃老鼠，广西人吃蟒，西藏人则使妻子为人枕席以交欢宾客，我们中部几省的人听见了也要诧异，其实它有很长的历史，若寻其发生这种事实的原因，倒很有趣。然而若说我们那里没有这样，这里也就不该这样；或是说我们那儿是这样，别的地方也应该这样，皆是局于地方的见解。——这是第四桩应当避免的。

（5）作者的观察，易为感情或客气所转移。——一个人没有绝对的善，也没有绝对的恶；一桩事也没有绝对的利，或则是绝对的害。现在人往往对于一个人"誉之则升诸九天，毁之则堕诸九渊"，或是"爱之欲其生，恶之欲其死"。对于一个事理，赞成的呢，便只看到他的利益，没有想到他的害处；反对的呢，又只见到他的害处，没有想到他的好处。所以，古人说："爱而知其恶，恶而知其美者，天下鲜矣！"。——这是第五桩要避免的。

以上五桩毛病，总而言之：就是偏见一律避免，然后用客观的眼光、平衡的心理、唯物史观的主义、谦虚诚恳的态度，把这个问题的内容详细地写出来。譬如以"袁世凯"做我们批评的对象，我们的意象中间，先要有一个假定——就是观点——然后搜集关于袁氏一身的历史，和与他当时有关系的社会、政治、家庭、学校，及平生师友，以及并世的各国外交与密迩相接关系最切的邻国的政治、思想、学术、外交，都搜集来做此题的参证：这种方法好像演绎法。或则是我们也不下一种断定，俟把以上种种做一番分析综合的比较的和历史的研究之后，然后把他们综合的结果，拿来做个结论，自然可以比较的平允一点：这种方法好像归纳法。至于详细说法，当在下章说明，那便是第三步工夫[1]了。

---

〔1〕 工夫：今一般写作"功夫"。此类后同。

第三节　取材

这一步的功夫，第一桩把我们对于这一个问题思想，或是在书上参考来的，或是在见闻上得来的，或是由身亲经历来的——一条一条地记在纸面上，这一种就是一堆儿材料；然后我们再想用什么方法区分他们，把他们归成一类一类的；然后再审查所记下来的种种材料，那个应当归那类，那个应当归在那类，并且把我们要不着的，或是重复累赘的材料丢掉；于是我们的文字的骨干（Skeleton）便成功了。譬如我们说"花"，于是把我们所记忆的或在博物书上参考来的一齐记出来，如雏菊、玫瑰、剪边罗类、罂粟花、木芙蓉、梅花、桂花、牡丹、月季、水仙、樱草、紫罗兰、热道之植物，等等。记出之后，想一想，怎样把他分类，于是另外用一张纸，把他们分类如下：

（1）野花：雏菊、樱草、罂粟花、紫罗兰，等等。

（2）园花：玫瑰、水仙、剪边罗类、木芙蓉类、牡丹、梅花、桂花，等等。

（3）温室花：兰类、热道之植物，等等。

或则再用别的方法去分类如：

（1）春花：雏菊、樱草、番红花、水仙、紫罗兰、玉簪花，等等。

（2）夏花：玫瑰、剪边罗类、木芙蓉类、凤吕草，等等。

（3）秋花：桂花、菊花、蓼花，等等。

（4）冬花：梅花、水仙，及温室内生长的花草，等等。

此外或另用颜色、臭味，或草本、木本，或中国种、西洋种，或热带种、温带种和寒带种等等类目去区分。区分以后，我们分段起草，便可成了一篇有系统、有组织的文字了。但是像这样的问题——"花"——是很简单的，自然容易运用思想，征集材料，区分类别，也不是难事，若遇到一个复杂的题目，或是遇到没有多少时间给我们参考的时候，便不能这样的容易，这种方法便不适用了。于是，就要用"什么物事""什么地方""什么时候""什么方法"和"什么缘故"——或则也可以加上"什么人"——五个疑问或六个，来帮助我们。我们现在且拿"平民女学的设立""俄国赈灾大游行"和"奉直备战"做题目，我们便可以用纸把它列出表来：

	平民女学的设立	俄国赈灾大游行	奉直备战
什么人	发起的是什么人？赞成的是什么人？办事的是什么人？反对的是些什么人？	主张或发起赈济俄国的是些什么人？我们赈济的是什么人？游行的是什么人？赞助或捐助的是什么人？	奉派是些什么人？领袖是谁？直接冲突的是什么人？间接冲突的是什么人？调唆的是什么人？主战的是什么人？主和的是什么人？孰胜孰败？
什么物事	什么名称？什么教科？什么工作？什么材料？他们所吃的是什么？工作教科之外他们还做些什么？	赈济是什么事？赈济的是什么东西？赈济中做些什么事？	未战之先他们做些什么事？交战之中他们做些什么事？既战之后他们做些什么事？他们用什么去打？用什么做粮食？用什么做交通？
什么地方	设在什么地方？教习是什么地方人？学生？工作的是些什么地方送来的？学生到星期到些什么地方去游戏？	赈济的是俄国什么地方？我们为俄国赈灾游行些什么地方？从什么地方起？到什么地方止？或是在什么地方集会？或是什么地方散队？	奉军所在地是什么地方？直军在什么地方交锋？什么地方战争最烈？他们的决战地在那里？他们的总司令部在那里？

	平民女学的设立	俄国赈灾大游行	奉直备战
什么时候	什么时候发起？什么时候开办？日课是几时？什么时候休假？学生每逢休假外出什么时候回来？	俄国灾荒在什么时候？中国发起赈济在什么时候？上海地方发起赈济是什么时候？本日何时出发？何时散队？	此次战争酝酿在何时？冲突起于何时？备战起于何时？大战在何时？胜负决于何时？
什么方法	怎样教授？怎样训练？怎样工作？怎样炊爨？怎样维持工作学生的生活？怎样指导学生改进他们的习惯？学生自己怎样自治？	如何赈济？如何募捐？如何招集各团体游行？如何把所募集的输送给俄国？	他们如何战法？如何准备？如何运输？如何侦敌？如何训练？如何攻击？如何守御？战略如何？战术如何？军纪如何？
什么缘故	为什么要办这个学校？为什么要设工作部？为什么放任？女生为什么剪发？为什么星期一放假？为什么没有管理？为什么学生出去半夜才回来？	俄国灾荒是什么原因？我们中国为什么要赈济他？世界的人为什么都要赈济他？我们上海的学校或全国学校的学生为什么要赈济他？	为什么要打仗？直方为什么要联络陈炯明？奉方为什么要联络孙中山？曹锟为什么要和他亲家翻脸？徐世昌为什么要帮助直军？奉军为什么失败？直军为什么胜？

第四节　布局与起草

用过第三步工夫之后，关于一个问题的材料已经搜集了，又经过一番审查的工夫，把那不关紧要的，或是重复了的材料丢了，然后这些材料还是一堆生货，好像我们把鸡鱼肉蛋、柴米油盐，都预备好了，若是不经过一番烹调炊爨的工夫，依然不能供人饮食；若是烹调的手续先后缓急不得其宜，多少轻重分配不匀，依然不能适人之口。于是"布局"的工夫是最要紧的了。

譬如现在奉直两方已入交战状态，他们两方各有十几万兵，战线差不多一千余里。他们于未战之先，一定各有各的军事方略，或作战计画[1]书，或是取攻势，或是取守势，或是某方取攻势，某方取守势，某处为大本营，某处为后方总兵站，某处为第一线，某处为第二线，或某军为左翼，某军为右翼，某军为主力军，某军为预备队，均按作战主旨、详细规定，才可以出奇制胜、进战退守。若是计画稍一不慎，被人侦出，那就要与人以可乘之机，俗话说得好，"走错一步路，输了满盘棋"。可见布局是很重要的了。作者务须在心中把全篇局势略略规划，某一种意思宜放在前，某一

---

〔1〕　计画：今写作"计划"。此类后同。

种意思宜放在后，某一种意思宜放在中间，然后把每段大意，按着胸中计画的次序，分条记出，然后把每条意思扩充起来，草稿于是便算成功。

第五节　修饰与朗读

文字起草之后，一定还有许多须斟酌的地方，作者自己应当把它修饰一番：应加的加上，应删的删去；然后自己才把它朗读两遍，听见没有什么不自然的声调，不明显的语句，不响亮的字眼，随时再加之以润色的工夫。文字究竟好不好，当然又是一个问题，但作者总算尽了自己的力量去做工夫了。

第三章　文字的要素

　　轻（Hydrogen）、养（Oxygen）[1]二素相合才能化成水；淡（Nitrcgen）、养、轻、氩（Argon）、炭（Carbon）[2]五素相合，才能成为空气；有事实、有思想、有语言，然后才能成为文字。若是有了事实，没有思想和语言，则不能为成为文字；有语言，没有思想和事实，也不能成为文字；至于有思想而无事实、无语言的也是一样。那么，事实、思想、语言，便是文字的三种要素。但是：

---

　　〔1〕　轻养：指化学元素，今写作"氢""氧"。
　　〔2〕　淡、养、轻、炭：指化学元素，今写作"氮""氧""氢""碳"。

第一节　事实

事实也有几种分别：一种是已过的事实，一种是现在发生的事实，一种是将来一定成为问题的事实，还有一种不但不是过去的或现在已发生的事实，即使将来，按诸论理也不会发生的，这不过是作者的一种理想或妄想罢了，虽说文学里面，也有很多这样的作品，但我们研究普通应用文字，当然要以前边所说的三种事实——过去的、现在的、未来的——为文字组织的一种要素；譬如：

孔子适周，将问礼于老子。老子曰："子所言者，其人与骨皆已朽矣，独其言在耳。且君子得时则驾，不得其时，则蓬累而行。吾闻之：'良贾深藏若虚，君子盛德，容貌若愚。'去子之骄气与多欲，态色与淫志，是皆无益于子之身。吾所以告子，若是而矣。"孔子去，谓弟子曰："鸟，吾知其能飞；鱼，吾知其能游；兽，吾知其能走。走者可以为罔，游者可以为纶，飞者可以为矰。至于龙，吾不能知其乘风云而上天。吾今日见老子，其犹龙邪！"——《史记·老庄申韩列传》

这是过去的事实——确有的事实。又如：

我看见第三条，奇怪得很。说是不准有社会主义及共产主义！然大题虽如此，那小题却说："市政改良党，要不准伦敦用市立学校做社会党的星期讲演所。然而他们的反对者，曾经出力要把那些讲习所重新设进去。"又说："劳工党的市会员，曾经要想法把俄国共产革命党的历史，在这市立许多学校里做功课教，并且打算鼓吹一个社会共和国在英伦。"那英国的工党真奇怪！法国的工党倒没有那么奇怪。并且英国的言论真自由！法国倒没有那么自由。——吴稚晖先生最近从英伦来信，见《民国日报》

这是现在已发生的事实。但是也有从前曾有过这回事，虽经后人敷衍其说，也可把他当做一种或有的事实，如：

衡笑曰："公言差矣。此等人物，吾尽识之：荀彧可使吊丧问疾；荀攸可使看坟守墓；程昱可使关门闭户；郭嘉可使白词念赋；张辽可使击鼓鸣金；许褚可使牧牛放马；乐进可使取状读招；李典可使传书送檄；吕虔可使磨刀铸剑；满宠可使饮酒食糟；于禁可使负版筑墙；徐晃可使屠猪杀狗；夏侯惇称为完体将军；曹子孝呼为要钱太守；其余皆是衣架、饭囊、酒桶、肉袋

耳。"——见《三国演义》二十三回

这就是戏园里常演的打鼓骂曹一段词儿，便是一种或有的事实。又有一种理想的事实，将来一定会实现的，如《共产党宣言》说：

最进步的各国，大概可以用下列各项设施：

（1）废止土地私有权，将所有的地租用在公共的事业上。

（2）征收严重累进率的所得税。

（3）废止一切继承权。

（4）没收移民及叛徒的财产。

（5）用国家资本，设立完全独占的国民银行，将信用机关集中在国家手里。

（6）交通及运输机关，集中在国家手里。

（7）扩张国有工场及国有生产机关；开辟荒地，改良一般土地使适于共通计画。

（8）各人对于劳动有平等的义务。设立产业军。

（9）连络农业和制造工业；平均分配全国的人口，渐次去掉都会和地方的差别。

（10）设立公立学校，对于一切儿童施以免费的教育。废止现行儿童底[1]工场劳动。连络教育和产业的生产等等。

这虽是前几十年马克斯和恩格斯他们的理想，然而那时已确信必有见诸施行的一日，还是可能算得确切的事实。至于像《西游记》，虽说是敷衍历史上唐玄奘入西域求经的话，但是他那些高弟猪悟能、沙悟净、孙悟空，以及七十二洞等等妖魔鬼怪，全是作者凭空造的，不过是一种理想小说，永远没有事实可说的。我们初学作文的青年，当然要根据确切的事实，至少也要根据能以见诸事实的理想。所以，确切的事实，是文字的第一个要素。

第二节　思想

我们所闻所见所经历的事实，或是将来可以实现的理想，必有正确的思想做主脑，才可以有益于人类生活，若是些不关紧要的思想，或是与现代或将来生活冲突的思想，如现在基督教青年同盟，若是头脑不清，妄为鼓吹，便是思想的大障碍。所以，既有确切的事实，还要正确的理想，不然如《金瓶梅》九尾龟所说的，不见得不是社会上一种事实，

---

[1]　底：今写作"的"。此类后同。

只因思想卑谬，不足为训。再不然，就是像中国的旧史书上满纸的不是某年某月日食，天降灾，大雷雨，就是某年某月某日白虹贯日，飞蝗过境。再不然，便是把皇帝一家子的私事拿来充数，不是今天某王子生，便是明天某贵妃废，或是某后立。你想，这与人生有什么关系呢？——这便是思想陋劣的坏处。那么，合理的思想便是文字的第二个要素了。

第三节　语言

有确切的事实，有合理的思想，然而没有一种语言，仍然不能叙述或推论或是把他传达出来。语言有了，若不是通行的——国语——仍是不能把所有的事实和思想尽情叙述或传达出来。

第四节　读者

还有一件差不多也可以算是文字的一种要素。什么呢？就是文字的读者。我们要做文的时候，先该问自己：我这篇文字是做给谁看的？——先生呢？同学呢？或是一般青年呢？一般社会呢？假使你不认清你的文字的读者是那一等人，文字的态度、风格、神情、语气和选事立词，都不能恰到好处。譬如《老残游记》说：

老残道："《山海经》原不是据，郭璞又附会注之，故作欺人之谈耳。初见光亮，还在四点余钟，尚属寅时；寅者姓也，阳气始姓于此时也；阴盛阳微，阳气上升，阴气下吸，一升一降，乃阴阳相战耳……卯者茂也，谓阳气生而孳茂也。阳旺阴微，故阴气渐退，日光无所遮掩，若鹰起的一般，其实阴翳骤去，才显出这般景象，又何尝日能飞腾呢！"

这一段话，要是对一个谈中国五行生克的星象家说呢，还可以勉强，现在把他夹在小说里面，给一般人看，便是忽略了这个问题——读者是些什么样人？而且这样腐臭笼统的思想，也不宜于把他输入一般人的脑子里。（《老残游记》里像这样的文字最多，只有描写玉守庄抚和白妞黑妞那几篇是好的）——可见我们作文一定要认清读者是什么人。

第四章　文字的戒律

我们做文的时候，有几种毛病最容易犯，也最当戒的。

第一节　虚伪

虚伪本是人类一种病的心理，而往往见之于语言文字：譬如对人说话自己称为"贱姓""贱名""贱恙""贱子""小犬"，称人则为"贵姓""大名""贵恙""令尊""尊大人"。明明他的父母是得病死的，他偏要说"某某不自殒灭福延显考（或显妣）"；明明他的父兄不过是个平常的人，一声做起祭文或墓志铭，便大吹特吹起来，说是怎样"生而颖悟"，怎样"乐善好施"。白香山骂得非常痛快：

勋德既下衰，文章亦陵夷。但见山中石，立作路旁碑。铭勋悉太公，叙德皆仲尼。复以多为贵，千言值万赏。为问彼何人，想见下笔时。但欲愚者悦，不思贤者嗤。岂独贤者嗤，仍传后代疑，古石苍苔字，安知是愧词！——《长庆集》卷二

所以，我们做文要适如其心之所安，老老实实"一是一，二是二"。说那个人的好处，他的坏处也要晓得；说那个人的坏处，他的好处也要晓得。

第二节　夸大

夸大狂也是人类一种病的心理。不过"夸大"和"虚伪"不同。虚伪发生于"欺世盗名"的念头；"夸大"则根据于"狂妄骄傲"和"盲目的自尊的心理"，因之发为"尊己卑人"的文字。如称本国为"华夏"，为"中国"，称邻国为"四夷"，又为"南蛮""北狄""东夷""西羌"。如《子虚赋》上说道：

子虚曰："可。王车驾千乘，选徒万骑；畋于海滨，列卒满泽，罘网弥山……顾谓仆曰：'楚亦有平原广泽游猎之地，饶乐若此者乎？楚王之猎孰与寡人乎？'仆下车对曰：'臣，楚国之鄙人也，幸得宿卫十有余年，

时从出游，游于后园，览于有无，然犹未能遍睹也，又焉足以言其外泽乎？'……'臣闻，楚有……云梦。云梦者，方九百里，其中有山焉。其山则盘纡茀郁，隆崇𡽪崒，岑崟参差，日月蔽亏，交错纠纷，上干青云；罢池陂陀，下属江河。其土，……；其东，……。"

你看他因为齐王要"以车骑之众"夸他，他便说了一大篇"夸"词；所以乌有先生责备他"今足下不称楚王之德厚，而盛推云梦以为高，奢言淫乐，而显侈磨，窃为足下不取也"。然而，他自己却不知不觉也犯了同样的毛病。他说：

> 且齐东陼钜海，南有琅邪，观乎成山，射乎之罘，浮渤澥，游孟诸。邪与肃慎为邻，右以汤谷为界；秋田乎青丘，彷徨乎海外，吞若云梦者八九，于其胸中，曾不蒂芥。若乃俶傥瑰玮，异方殊类，珍怪鸟兽，万端鳞崒，充牣其中，不可胜记，禹不能名，契不能计……

亡是公所以责备他所说"楚则失矣，而齐亦未为得也"，于是他就又把"天子之上林"说了一大篇，其要虽归于讽谏，而中国文字的夸大狂，已于此可见了。至于一般心理中这样的毒更甚。譬如：

夏总甲道："这样事，俺如今也有些不耐烦管了。从前年年是我做头，众人写了功德，赖着不拿出来，不知累俺赔了多少！况今年老爷衙门里，头班、二班、西班、快班，家家都兴龙灯，我料想看个不了，那得工夫来看乡里这条把灯！"——《儒林外史》

又如：

胡屠户道："可不是么？自从亲家母不幸去世，合城乡绅，那一个不到他家来？就是我主顾张老爷、周老爷，也在那里司宾……"——《儒林外史》

有这样夸大的社会心理，自然可以造出那些夸大的文字来，《儒林外史》可算得形容尽致了。——这都是"坐井观天"的缘故，我们做文要痛除此病，只要"恰到好处"。

第三节　古典

好古典也是中国人的一种普通毛病。从前做文章，那个古典用的[1]多，那个就算做得好；那个的古典人家看不懂，

────────────

〔1〕　的：今写作"得"。此类后同。

便算做得最好。明明说"许久违教了",或是"许久不谈心了",他偏要说"久违麈教";明明说"民国十一年",他偏说"岁在壬戌";明明说他两下男女订婚,他偏要说"联秦晋之好";明明说"我自己有病",他偏说"有采薪之忧";明明是自己作思家的诗,或是无聊发牢骚,偏要说是"冯唐易老,李广难封",或说是"屈子行吟""仲宣作赋"。不但文言如是,白话文也有许多犯这个毛病的,一部《老残游记》,满口都是斯文。譬如:

> 喜的环翠爬倒地下,一连给老太太磕了三个响头,说道:"蒙姑老太太这等恩典,俺那死去的爹娘,也要'衔环结草'的图报了。"

又如:

> 尼僧道:"那有此理?檀越徒步登山,小尼理应奉清茶一杯,以润渴吻。且出家人托钵十方,勿论远近,俱是施主,更当稍尽敬意,况是文星光降,足令茅庵生辉,岂有不屈尊少坐以结善缘之理?"

又如:

由此前进，道经秦岭，地东接潼关界，悬崖叠嶂，径多纡曲，大有歌"行路难"之概。

　　一个改邪归正的姨太太，一个卖淫的妖尼，嘴里满口的斯文，一来不合事实，二来文字的生趣全然被古典夺去了。至于硬把"行路难"三字用来装文雅，更是不自然得很。这是"古典主义"的余毒。所以韩愈说他自己做工夫"惟陈言之务去"。不过有时不得已须借用古语陈说，也要以字义明显不费解释，不背论理的为限。如说人在社会服务，不计利害，是"是知其不可而为之者与"或是"鞠躬尽瘁，死而后已"，虽是用的古人陈语，却是一望而知，不必费解，无论文言白话，间或插入一两句，倒也新鲜别致。

第四节　模仿

　　我们从前学做文的时候，脑子里面，记了许多的文章调子，如：

　　　　有非常之人，必有非常之才；有非常之才，必有非常之功……

　　又如：

夫木必有本，水必有源。木无本则枯，水无源则竭……

又如：

钓者负鱼，鱼何负于钓？猎者负兽，兽何负于猎？……

等等，每一题目到手，总是在这些套子里讨生活。间或有一两次运气好，套了几句《三苏策论》，或是《八家文》，先生便大批特批起来，不是说"胎息古人"，便是说"逼近唐宋"。曹雪芹说"千部一腔，千人一面"，虽不是专指着模仿的文家说的，然实在可以拿来做一个评判。所以我们现在作文章，虽说平时研究前人或现代文家的作品，只可拿他做个参考，不可"依样葫芦"去模仿左丘明，模仿司马迁，终身跳不出古人的圈子，要赤地千里，荜路缦缕[1]地去创造，做了一篇自道性情、自出心才的文字，比模仿十篇百篇假《左传》、假《史记》，要好得多了。

---

〔1〕 荜路缦缕：今一般写作"荜路蓝缕"或"筚路蓝缕"。

第五节　轻薄

轻薄为文，本是书生恶习。我们要批评人家的不是，便明明白白地说出来，并要带着诚恳的态度。若是不便明说，意主风劝，更要忠厚，不可嬉笑怒骂，明讥暗诮，不但自己失了读者的友谊，并且足以激其为恶之心。当世作者态度最好的是章士钊先生，像他的《甲寅杂志》，真不愧学者的态度；其他如戴季陶、周作人和陈独秀、胡适[1]、梁漱溟诸先生的文字，态度也很正大、尊重，可为青年作文的模范。

---

〔1〕　胡适之：即胡适。此类后同。

第五章　文字的美质

文字的组织，把"虚伪""夸大""古典""模仿"和"轻薄"种种的毛病去了，若是没有几样美质，灌注在里面，便好比一个人虽然无病无灾，如同好人一样，但是他的精神不充分，血儿又贫乏，不过徒有躯壳罢了。所谓美质，就是：

第一节　漂亮

这两个字怎讲呢？譬如人的衣裳穿得好看，叫做漂亮（Clearness）；说话的声音嘹亮，叫做漂亮；话说得合乎情理，也叫做漂亮。文字的漂亮，就是要浅显，要熨帖，要响亮，要简单。

（一）浅显

文字是要求大多数人了解的，若是用了许多专门的名词或希奇[1]罕见的字眼儿，便只有少数的专门家可以懂得。严又陵译《天演论》《群学肆言》《法意》等书，用古文体并出之以艰涩的字句，当时士子能以领略的很少。其实他的原文，并不怎样深奥；假使我们要把杜威和罗素的讲演，请严先生复活来译成他的文字，也是莫明其妙。现在我把古文体的《天演论》和白话体的《教育哲学》各引一段，大家便可以明白浅显文字的好处了。

> 名学家穆勒氏喻之曰："今有一物于此，视之泽然而黄，臭之郁然而香，抚之挛然而员，食之滋然而甘者，吾知其为橘也。设去其泽然黄者，而无施以他色；夺其郁然香者，而无畀以他臭；毁其挛然员者，而无赋以他形；绝其滋然甘者，而无予以他味，举凡可以根尘接者，皆褫之而无被以其他，则是橘所余留为何物耶？"名相固皆妄矣，而去妄以求其真，其真又不可见，则安用此茫昧不可见者，独宝贵之以为性真为哉？——《天演论》第九

> 森罗万象之中，一方面一生一灭，变化无穷；一方

---

[1] 希奇：今写作"稀奇"。此类后同。

面不生不灭，常住不动。所以世界的现象，从这一方面看起来，是变化的，流动不息的；从那一方面看起来，是固定的，不常变化的。我们应该研究"变"与"定"之间有什么关系。——杜威讲演的《哲学史》。

我们比较上边两种译文，便可明白浅显的功用：时间的经济，脑力的经济。在现代生活复杂的人类社会里，自然是最需要的一种文字的美质了。

（二） 熨贴[1]

熨贴就是自然；遇事雕琢的，固然是违反自然，就是与文法恰合的，也时常违反自然。因为文法是死板的，换句话说，熨贴的自然的文字，一定合乎文法，而合乎文法的，不见得尽能自然或熨贴。所以描写一种事物，或叙述个人的心理，必须适如其分，而用字、用句、分段、成篇，皆要不背这个法则。说什么人的话，便是什么人，绝不能有一点勉强，或不自然的倾向。如《红楼梦》上写林黛玉，他[2]的一书一画，一榻一几，一言一笑，一举一动，皆足以表现林黛玉的精神；《水浒》上写武松打虎和李逵打虎各有各的个性

---

〔1〕 熨贴：今写作"熨帖"。此类后同。
〔2〕 他：今写作"她"。此类后同。

和精神，举凡一拳、一脚、一跳、一跃，虎的腾拿呼啸和他们挣扎撕拼的情形，都有特殊的表现，不容人"张冠李戴"。然而绝不露丝毫妄生分别的痕迹，也不带着一点勉强的样子。杜甫说"美人细意熨帖平，裁缝灭尽针线迹"，实在可以拿来做个定评。

第二节　动力

但是文字虽是浅显了，熨贴了，假使没有一种动力（Force）做他的推进机和精气神，也不过是个没有生命穿着衣冠的木偶。保持动力须要：

（一）响亮

把所做的文字高声朗诵，没有佶屈聱牙的字句，读得异常流利，异常顺嘴。中国文家没有不注重声调的，所谓"字字堕地作金石声"；不过从前专注意对偶、骈体的文字，字句要一般长短、平仄要互调，与我所说的响亮，并不相同。我所说的是自然的和谐，不是故做"雕文刻镂"的工夫。如胡适的《梦谒四烈士墓》的诗：

> 他们是谁？三个失败的英雄，一个成功的好汉！他们的武器：炸弹！炸弹！他们的精神：干！干！干！

他们干了些什么？一弹使奸雄破胆！一弹把帝制推翻！他们的武器：炸弹！炸弹！他们的精神：干！干！干！

他们不能咬文嚼字，他们不肯痛哭流涕，他们更不屑长吁短叹！他们的武器：炸弹！炸弹！他们的精神：干！干！干！

他们用不着记功碑，他们用不着墓志铭：死文字赞不了不死汉！他们的记功碑：炸弹！炸弹！他们的墓志铭：干！干！干！

这是何等的响亮！读着这种响亮的句子，更外增加一种强烈兴奋剂。又如：

这个道理最明显：何以那种种吃人的礼教制度都不挂别的招牌，偏爱挂孔老先生的招牌呢？正因为二千年吃人的礼教法制都挂着孔丘的招牌，故这块孔丘的招牌——无论是老店，是冒牌——不能不拿下来，捶碎，烧去！

我给各位中国少年介绍这位"四川省只手打孔家店"的老英雄——吴又陵先生！——胡适的《〈吴虞文录〉序》。

你看，哪一个字哪一句话不响亮！

（二）简当

文字最容易肤泛冗长：肤泛的害处是不切题；冗长的弊病是虽切题而不重要或系重复。有了这个毛病，很足以减少读者的兴趣。并且为的是要缩短时间，节省脑力，所以要极力地从简当处用力。譬如：

> 初，楚子将以商臣为太子，访诸令尹子上。子上曰："君之齿未也，而又多爱，黜乃乱也。楚国之举，恒在少者。且是人也，蜂目而豺声，忍人也，不可立也。"弗听。既，又欲立王子职，而黜太子商臣。商臣闻之而未察，告其师潘崇，曰："若之何而察之？"潘崇曰："享江芈而勿敬也。"从之。江芈怒，曰："呼！役夫！宜君王之欲杀女而立职也！"告潘崇，曰："信矣！"潘崇曰："能事诸乎？"曰："不能。""能行乎？"曰："不能。""能行大事乎？"曰："能！"冬十月，以宫甲围成王。王请食熊蹯而死。——《左传》

你看他那"信矣！""能事诸乎？""不能。""能行乎？""不能。""能行大事乎？""能！"，大有风驰电掣一字一弹之概，于此可见简当的文字，不但可以减少读者的烦闷，并可增加文字的气力。

又如：

初，郑武公娶于申，曰武姜，生庄公及共叔段。庄公寤生，惊姜氏，故名曰寤生，遂恶之。爱共叔段，欲立之，亟请于武公，公弗许。

及庄公即位，为之请制。公曰："制，岩邑也，虢叔死焉。佗邑唯命。"请京，使居之，谓之京城大叔。

祭仲曰："都城过百雉，国之害也。先王之制：大都，不过参国之一；中，五之一；小，九之一。今京不度，非制也。君将不堪。"公曰："姜氏欲之，焉辟害？"对曰："姜氏何厌之有！不如早为之所，无使滋蔓；蔓，难图也。蔓草犹不可除，况君之宠弟乎！"公曰："多行不义必自毙，子姑待之。"

既而大叔命西鄙、北鄙贰于己。公子吕曰："国不堪贰，君将若之何？欲与大叔，臣请事之；若弗与，则请除之！无生民心。"公曰："无庸，将自及。"

大叔又收贰以为己邑，至于廪延。子封曰："可矣，厚将得众。"公曰："不义不昵，厚将崩！"

大叔完聚，缮甲兵，具卒乘，将袭郑，夫人将启之。公闻其期，曰："可矣。"……——《左传》隐公元年你看他寥寥不满三百字，而把郑庄公的母子兄弟和君臣的惨酷[1]、阴险、恶浊的情形，写得若在目前；而"姜氏欲之""姜氏何厌之有""无庸，将自及""子姑待之""可矣"，那一种"磨刀霍霍"的情景，跃然纸上，这都是简当的好处。

第三节　譬喻

文字原来是朴实说理，据事直书的好。但是有些时候拿一种相同的事物来做比例，或例其同，或例其异，或例其事物的关系，倒比直说少些气力，且可分外明了或异常新颖。

（一）明喻

以一种事物明显的和人或物或事等量齐观，叫做明喻。明喻有四种：（1）直接的明喻；（2）原因的明喻；（3）结果的明喻；（4）关系的明喻。

（1）直喻　就是直接和事物比较，借着甲事物形容乙事物，或是借着事物形容人的行为、道德、知识、事业。譬如：

---

〔1〕　惨酷：今写作"残酷"。

出其东门，有女如"云"。

出其闉阇，有女如"荼"。

又如：

孔子去，谓弟子曰："鸟，吾知其能飞；鱼，吾知其能游；兽，吾知其能走。走者可以为罔，游者可以为纶，飞者可以为矰。至于龙，吾不能知其乘风云而上天。吾今日见老子，其犹龙邪！"——《史记·老庄申韩列传》

又如：

中国人最缺少的是崇高的气象；你的崇高的气象，却真可比得喜马拉雅的最高峰。中国近代的人——在"为公众"名义下面活动的人，最缺少的是纯洁；你的纯洁，真是可以比得峨眉山下平羌峡里流着那碧澄澄的水。——戴季陶《怀朱执信先生》

以上所谓"犹龙"，所谓"如云""如荼"，所谓"喜马拉雅的最高峰"和"峨眉山下平羌峡里流着那碧澄澄的水"，皆是直接的譬喻。

（2）因喻　因喻就是以起因相同的事物作比。譬如：

> 庄周笑曰："千金，重利；卿相，尊位也。子独不
> 见郊祭之牺牛乎？养食之数岁，衣以文绣，以入太庙。
> 当是之时，虽欲为孤豚，岂可得乎？"——《史记·老
> 庄申韩列传》[1]

又如：

> 下令如流水之源，令顺民心。——《史记·管晏列
> 传》
>
> 两张床平排摆着，好像两架飞车，赶生活的路
> 程！——胡适译的《短篇小说》

"卿相"和"牛"，"下令"与"流水"，都是迥然不同
的事物，只因人君之视卿相与人之视牛同一动机，"下令"
与"流水"亦为迥然不同的事物，然也只因为他们流动趋向
都是相同，所以皆可叫做"因喻"。

（3）果喻　果喻就是以一种事物结果来比譬不同性质的

---

〔1〕　原著出处为《庄子》，误。

事物的结果。如：

> 相如曰："夫以秦王之威，而相如廷叱之，辱其群臣。相如虽驽，独畏廉将军哉？顾吾念之：强秦之所以不敢加兵于赵者，徒以吾两人在也。今两虎共斗，其势不俱生。吾所以为此者，以先国家之急而后私仇也。"——《史记·廉颇蔺相如列传》

"两虎共斗，其势不俱生"，其结果相同；无论谁死，国家均受其害，其结果亦同。

（4）例喻 所谓"例喻"者，不是拿甲物比乙物、拿甲事比乙事，是拿甲事和乙事或甲物和乙物之间的关系相比。遇到不能直喻，又不能喻之以"因"或喻之以"果"的时候，这一种例喻最关紧要，且最多。譬如：

> 韩非曰："宋有富人，天雨墙坏。其子曰：'不筑，且有盗。'其邻人之父亦云。暮而果大亡其财，其家甚知其子，而疑邻人之父。昔者郑武公欲伐胡，乃以其子妻之。因问群臣曰：'吾欲用兵，谁可伐者？'关其思曰：'胡可伐。'乃戮关其思，曰：'胡，兄弟之国也，子言伐之，何也？'胡君闻之，以郑为亲己而不备郑，郑人袭胡，取之。此二说者，其知皆当矣。然而甚者为

戮，薄者见疑，非知之难也，处知则难矣。昔者弥子瑕见爱于卫君，卫国之法，窃驾君车者罪至刖。既而弥子之母病，人闻，往夜告之。弥子矫驾君车而出。君闻之而贤之，曰：'孝哉！为母之故而犯刖罪！'与君游果园，弥子食桃而甘，不尽而奉君。君曰："爱我哉！忘其口而念我。"及弥子色衰而爱弛，得罪于君。君曰：'是尝矫驾吾车，又尝食我以其余桃。'故弥子之行未变于初也，前见贤而后获罪者，爱憎之至变也……'"——《史记·韩非列传》

你看他们因同一劝人筑墙，而或者见智于人，或者见疑于人。关其思所言实与郑武公心理相同，而不免于刑戮，此中有种种不同的关系故也。弥子瑕见爱时则矫驾君车，食君余桃，皆足以增君之欢心，一旦爱弛，则前之矫车食桃，又为两种罪案，也是他们当中的关系变了的缘故。

（二）隐喻

我们遇到有些时候，不好明说，便拿别的事物慢慢地引到本题或暗涉本事，或是"将真事隐去"，假借一种事物把他曲曲地演出，使闻之者恍如身临其境。如：

（1）淳于髡说之以隐曰："国中有大鸟，止王之庭，三年不蜚又不鸣。王知此鸟何也?"……

(2)髡曰:"今者臣从东方来,见道傍有禳田者,操一豚蹄、酒一盂,祝曰:'瓯窭满篝,污邪满车,五谷蕃熟,穰穰满家。'臣见其所持者狭而所欲者奢,故笑之。"——《史记·滑稽列传》

这是借差别的事情引到本事上来,说得分外委婉动人,比较面责庭争的好得多了。又如:

阿托士[1]道:"这两个逃走的人,到了罗殊拉地方,又冻又乏。那天是十月十一。那乡下的地方,没得大房子,没得客店……米桑……于是打定主意,同教士家里借宿。"……阿托士道:"两个人去敲门。天已很晚了,教士早已睡了……他就请他们进来……"
……

阿托士说:"米桑是最能迷人的一个美人。她这样的美人,心里的淘气主意最多。天生这种女人,是叫她们害男人的。这一个风骚女子异想天开地忽然想起主人既然是个教士,她就要去迷他,为得是后来就可以说最难迷的是教士,也被他迷了。"……阿托士说道:"我告

---

[1] 阿托士:通译为"阿尔多斯"。此类后同。

诉你吧！有一个人办一件很要紧的事，那天晚上，也走到罗殊拉地方。早一点钟，先到教士家里借宿。……你就晓得米桑遇着的并不是教士，是那个在先借宿的人。"

……

阿托士说："我找着那教士，看见他因为一件极奇怪的事，很在那里烦心。我未到之前一个礼拜，有人送了一个三个月的孩子在他家里，从孩子的睡篮里找出一口袋金钱、一张纸，纸上写的是'一六三三年十月十一号'几个字。"……夫人道："他听那教士说，有一个不认得的世爵，来把孩子领了去，教养他。"阿托士道："这话不错的。"夫人说道："哈，那位世爵就是你，是你领了小孩子去的。"阿托士道："夫人声低些，他在隔壁房里。"

施华洛夫人站起来，喊道："我的儿子在这里么？米桑的儿子来了么？我就要见他！"——《续侠隐记》第二十二回

"借宿的人"就是阿托士，米桑就是施华洛夫人，然而因为避免种种碍口的话，先把这件事实暗暗叙出，以待听者之自决，这种隐喻与前边全借他事他物做比喻的不同，用处也不多；不过到了不好贸然说明的时候，却是极需要的譬喻法。

（三）活喻

我们有时对于自然界的伟大的表现或是对于我们的哲学思想所凝注的问题——抽象的事理——起了重大的情感，便把他当做一个：（1）有人格的；或（2）把它当做有生命的来说。这种比喻，往往见之于诗歌。

（1）有人格的　如《白话书信》"爱"的诗上说：

爱！

你是创造宇宙的唯一元素！

你是我们人类的主！

世界没有真；有真，便是你！

世界没有善；有善，便是你！

世界没有美；有美，便是你！

又如康白情的《再见》上说：

歌道——

"我是红叶。

和我一道儿的是我底天。

天让我青我就青；

天让我黄我就黄；

天让我红我就红；

天让我不要恋枝我就放下我底责任。

但我们还要再见。

我们再见——再见！"

又如俞平伯的《菊》上道：

软洋洋的叶，

托着疏剌剌的花，

对着呆钝钝的人，

昂着头她笑我；低着额她怕我；

歪着腰她躲我；扭着身她厌我；闭着眼睛她不见

我；

瞧她不睬我，问她不答我。

灯光明明的照着我和她，

谁不说咱俩是朋友！……

都是拿活喻表示他们对于事物理想的高尚情感，但是也有个分别："爱"的诗所活喻的是抽象的事理；《再见》和《菊》的诗所活喻的是有生命的植物。

（2）有生命的　是把无生命的东西比做有生命的。如前人诗道：

蜡烛有心还惜别，替人垂泪到天明！

苏轼的《百步洪》诗道：

> 长洪斗落生跳波，轻舟南下如投梭。水师绝叫凫雁
> 起，乱石一线争磋磨。有如兔走鹰隼落，骏马下注千丈
> 坡，断弦离柱箭脱手，飞电过隙珠翻荷。

（四）兼喻

以复喻单，以多喻一，以大喻小，以全喻偏，叫做兼
喻。例如：

> 若使天下兼相爱……国与国不相攻，家与家不相
> 乱，盗贼亡有，君臣父子皆能孝慈，若此则天下
> 治。——《墨子·兼爱上》
> 僧人偏满天下，不是西域送来的，即吾中国之父兄
> 子弟，穷而无归，入而难返者也。——《板桥家书》
> 家人儿女总是天地间一般人，当一般爱惜。——同
> 上

上边的"世界""天下""天地"，皆是全称的名词，用

来分外有力。而《兼爱》篇所说的"天下"，虽可说是指着全世界而言，但是在墨子心中所指的对象，就是中国。板桥所谓"天下"，明明白白地指着中国说。至于《白话书信》所谓"世界"，板桥所谓天地间同一意义，无非故为全称之词以强语意，使读者更加兴奋。

（五）质喻

用一个物件的质料的名字去表明胸中的意思，往往比用原物的名字要明显得多，这也是一个经济的方法。譬如毕士马克要以枪炮的威和国民的身家性命的牺牲，战胜邻国，称霸世界，他把这种政策叫做"铁血主义"，就是拿枪炮的质料"铁"和人民身体的原质"血"，做他的国民性的代表。又如杜甫说：

> 纨绔不饿死，
> 儒冠多误身！

又说：

> 朱门酒肉臭，
> 路有冻死骨！

"纨绔"是代表富贵人家的子弟，"朱门"是代表富贵人家，都是拿他们所着的所住的质料作譬喻的。

第四节　重点

文字必须把重要的部分放在适当的地方，才能引起读者的注意，提起读者的精神，增加读者的兴趣，给与[1]读者的深刻的印象。这一种方法，叫做"重点"或"语势"（Emphasis）。

（一）首部

文字的每段的首部或每篇的首部，都是很要紧的地方。因为起首若不能引起人的注意，读者便不愿往下看了，所以文字的主要思想，总是常常地把他放在篇的首部或段的首部。如戴季陶先生《到湖州后的感想》的第一段说：

> 我这一次忽然搬到湖州，许多人都以为必定是有什么大不高兴的事，所以跑到乡下去做隐君子，其实这些都是随便揣测的。我想到湖州住些日子，是很早就有了这个意思的。不过这次搬到湖州来的意思，和从前有些

---

〔1〕　给与：今写作"给予"。

不同罢了。——《建设》第二卷第六号

这一段已经隐隐地把本篇的主要的意思透出来了，不过不很明显，像陈大齐《恭贺新禧》的头一段就明显得多了。

今天是大年初一，各处衙门的门口，都扎起了一座彩牌楼，红红绿绿的很好看。大街上的店铺里，懒洋洋的挂着国旗，好像含着一种不得已的苦衷。朋友们的"恭贺新禧"帖子已经从四五日以前陆续送来了——依了一等邮政局的通告，特别标明"元旦投递"的，也在元旦的两日前递到了——我也手忙脚乱的检[1]那递来的贺帖，预备写帖子去回贺。我在这个时候，忽然心里起了一个疑问，又想起了一个改良的念头。疑问是：我们为什么要贺新年？贺新年是有什么意义的事情吗？改良的念头是：何不废了贺年的礼节，改做别的有意义的礼节呢？——《新青年》六卷一号

所谓"疑问"，所谓"改良的念头"，就是本篇的主要的思想。又如钱玄同的《〈三国演义〉序》：

---

〔1〕 检：今写作"捡"。

《三国演义》本是一部通俗的历史，不是真正的小说。

又如胡适的《美国的妇人》开首道：

去年冬季，我的朋友陶孟和先生请我吃晚饭。席上的远客，是一位美国的女子，代表几家报馆，去到俄国做特别调查员的。同席的是一对英国夫妇和两对中国夫妇，我在这个"中西男女合璧"的席上，心中发生一个比较的观察。那两位中国妇人和那位英国妇人比了那位美国女士，学问上、知识上，不见得有什么大区别；但我总觉得那位美国女子和她们绝不相同……依我看来，这个不同之点，在于她们的"人生观"有根本的差别。那三位夫人的人生观，是"贤妻良母"的人生观。这位美国女子的，是一种"超于贤妻良母"的人生观……

又如蔡元培的《大战与哲学》开首道：

现在欧洲大战争，是法国革命后，世界上最大的事。考法国革命，很受卢梭、伏尔泰、孟德斯鸠诸氏学说的影响。但这等学说，都是主张自由、平等，替平民争气的；在贵族一方面，全仗向来占据的地盘，并没有何等学理可替他辩护了。现今欧战是国与国的战争。每一国有它特别的政策，便有它特别相关的学说。我今举三种学说作代表，并且用三方面的学说来证明他。

又如荀子《解蔽篇》上开首便说道："凡人之患，蔽于一曲，而暗于大理。"一语便把全篇的意思道破。《性恶篇》也是如是，上来便说"人之性恶，其善者伪也"。

（二）终局

每篇的开首固然要紧，每篇的终局，更是要紧。因为每篇开首，揭出主要的思想，可以引起人的注意，每篇的终局，揭出主要的思想可以使读者得着很深的印像[1]，所谓"曲终奏雅"，说一句"滑稽"话，便是"临去秋波"。如胡适的《新思潮的意义》末了一段说：

> 新思潮的精神是一种评判的态度。
>
> 新思潮的手段是研究问题与输入学理。
>
> 新思潮的将来趋势，依我个人私见看来，应该是注重研究人生社会的切要问题，应该于研究问题之中做介绍学理的事业。

---

〔1〕 印像：今写作"印象"。

新思潮对于旧文化的态度，在消极一方面，是反对盲从，是反对调和；在积极一方面，是用科学的方法来做整理的工夫。

新思潮的唯一目的是什么呢？是再造文明！

文明不是笼统造成的，是一点一滴的造来的。进化不是一晚上笼统进化的，是一点一滴的进化的。现今的人爱谈"解放与改造"，须知解放不是笼统解放，改造也不是笼统改造。解放是这个那个制度的解放，这种那种思想的解放，这个人那个人的解放，是一点一滴的解放……

再造文明的下手工夫，是这个那个问题的研究。再造文明的进行，是这个那个问题的解决。

又如陈独秀的《人生真义》的末了一段：

总而言之：人生在世究竟为的什么？究竟应该怎样？我敢说道：个人生存的时候，当努力造成幸福享受幸福；并且留在社会上，后来的个人也能够享受。递相授受，以至无穷。——《新青年》四卷二号

又如胡适的《不朽》的末了一节说：

我的宗教的教旨是：我这现在的"小我"对于永远不朽的"大我"的无穷过去，须负重大的责任，对于那永远不朽的"大我"的无穷未来，也须负重大的责任。我须要时时想着，我应该如何努力利用现在的"小我"，方才可以不辜负那"大我"的无穷过去，方才可以不遗害那"大我"的无穷未来。

以上三段皆是三篇文字的结论，都异常有力，使读者至此见了一笔总账，就是得了一个概念。但是以上所说的，皆是就每篇文字立论，未尝提起段的重点。段的重点也是这一样的。我且举郑板桥给他弟弟的一封家信做个例：

十月二十六日得家书，知新置田获秋稼五百斛，甚喜，而今而后堪为农夫以没世矣！要须制碓、制磨、制筛罗、簸箕，制大小扫帚，制升、斗、斛。家中妇女率诸婢妾，皆令习春揄蹂簸之事，便是一种靠田园长子孙气象。天寒冰冻时，穷亲戚朋友到门，先泡一大碗炒米送手中，佐以酱姜一小碟，最是暖老温贫之具。暇日咽米饼，煮糊涂粥，双手捧碗缩颈而啜之，霜晨雪早，得此周身俱暖。嗟乎！嗟乎！吾其长为农夫以没世矣！

我想天地间第一等人，只有农夫，而士为四民之末——农夫上者种地百亩，其次七八十亩，其次五六十亩，皆苦其身，勤其力，耕种收获，以养天下之人。使天下无农夫，举世皆饿死矣。吾辈读书人，入则孝，出则弟，守先待后。得志泽加于民，不得志修身见于世，所以又高于农夫一等。今则不然。一捧书本，便想中举，中进士，作官；如何攫取金钱，造大房屋，置多田产。起手便错走了路头，后来越做越坏，总没有个好结果。其不能发达者，乡里作恶，小头锐面，更不可当。夫束修自好者，岂无其人？经济自期抗怀千古者，亦所在多有。而好人为坏人所累，遂令我辈开不得口。一开口，人便笑曰："汝辈书生，总是会说。他日居官，便不如此说了。"所以忍气吞声，只得挨人笑骂。工人制器利用，贾人搬有运无，皆有便民之处，而士独于民大不便，无怪乎其居四民之末也；且求居四民之末，而亦不可得也！

愚兄平生最重农夫。新招佃地人，必须待之以礼。彼称我为主人，我称彼为客户。主客原是对待之义，我何贵而彼何贱乎？要礼貌他，要怜悯他，有所借贷要周全他，不能偿还要宽让他。尝笑唐人《七夕》诗咏牛郎织女，皆作会别可怜之语，殊失命名本旨。织女，衣之源也，牵牛，食之本也。在天星为最贵；天顾重之，而人反不重乎？其务本勤民，呈象昭昭可鉴矣。吾邑妇人不能织绸织布，然而主中馈，习针线，犹不失为勤谨。

近日颇有听鼓儿词，以斗叶为戏者，风俗荡轶，亟宜戒之。

吾家业地虽有三百亩，总是典产，不可久恃，将来须买田二百亩。予兄弟二人，各得百亩足矣。亦古者一夫受田百亩之义也。若再求多，便是占人产业，莫大罪过。天下无田无业者多矣，我独何人，贪求无厌，穷民将何所措足乎？或曰，世上连阡越陌，数百顷有余者，子将奈何？应之曰，他自做他家事，我自做我家事。世道盛则一德遵王；风俗偷则不同为恶，亦板桥之家法也。

即此一篇，便可以把每段的重点的用法"思过半"了。如第一段上来说"而今而后堪为农夫以没世矣"，末尾又说"嗟呼！嗟呼！吾其长为农夫以没世矣"，第二段上来说"我想天地间第一等人，只有农夫，而士为四民之末"，末了说"工人制器利用，贾人搬有运无，皆有便民之处，而士独于民大不便，无怪乎其居四民之末也，且求居四民之末而亦不可得也"，第三段上来说"愚兄平生最重农夫"，第四段上来说"我家业地虽有三百亩，总是典产，不可久恃；将来须买二百亩，予兄弟二人，各得百亩足矣"，皆是每段的重点。不过有的前后都有扼要语——重点，有的只把重点放在前面，有的只把他放在后面。只放在前面的，我们看了第

三、第四两段便明白了。只放在后面的，请看下面一段文字也就明白了。

> 管仲曰："吾始困时，尝与鲍叔贾分财利多自与，鲍叔不以我为贪，知我贫也；吾尝为鲍叔谋事，而更穷困，鲍叔不以我为愚，知时有利不利也；吾尝三仕三见逐于君，鲍叔不以我为不肖，知我不遭时也；吾尝三战三走，鲍叔不以我为怯，知我有老母也；公子纠败，召忽死之，吾幽囚受辱，鲍叔不以我为无耻，知我不羞小节，而耻功名不显于天下也。——生我者父母，知我者鲍叔也！"——《史记·管晏列传》

"生我者父母，知我者鲍叔也"一句，是本段的重点。

不过重点在论说或解说的文字里是在段首或段末；篇首或篇末或首末相近的地方。但是在叙述文里，不是篇篇或段段皆有的。因为叙述文必须统观全篇或全段，才可以看出他的中心思想（Central Thought）来的。

第五节　统一

文字的内容任你怎样丰富，做者的思想任你怎样新颖，若是一篇之内或一段中，东里一句，西里一句，说着张三，忽而又谈到李四，正讲着历史有味，又谈到算学麻烦，教读者简直摸不着头脑，文字的价值便要大大地减少，读者也就没了兴趣。这是青年做者[1]最容易犯的毛病——就是不能统一。若想文字统一，要注意以下几件事：

（一）保持观察点

做者对于一篇文字的题目，当然自己要有一个观察点。怎样叫做观察点？就是做者由这一点去观察他那篇文字的题目的意义，并由此点抽出他对于这个题目的中心思想来。所以要统一，首先就要保持他的观察点。观察点有两种：（a）外形的观察点；（b）内在的观察点。

（a）外形的观察点　什么叫做外形的观察点呢？就是对于一切有形的物事的观察，举凡对于耳所能闻、目所能见、身所能触、口所能尝、手所能扶、鼻所能臭的物事的观察点。我们描写这种物事的时候，要想保持我们的观察点，必须时时刻刻不要忘了我们所选择的立脚点。因为我们所叙述的外形物事，必须是我们的耳所闻、目所见、身所触、口所尝、手所扶、鼻所臭的，不然便失了我们的立脚点，失了我们的观察点。譬如我们要做一篇"从黄浦滩上看见的上海风景"，万万谈不到静安寺的幽静，半淞园的闲适和大世界、

---

〔1〕　做者：今写作"作者"。此类后同。

新世界的五花八门。或则我们在海船上望见香港市的前面，我们所能描写的，也只能限于他的前面，举凡里面一切：

> 忽而"山从人面起"；忽而"山重水复疑无路"；忽而"柳暗花明又一村"；忽而上驰峻岭，俯临深谷，凛然有登高之忧；忽而下驰长坡，好似"猰貐下峻坡"。至于道路之修洁，建筑之宏敞，桥梁之壮丽，既惊人工之巧；海水之莹澈，佳花异草之繁殖，气候之和暖，又叹自然环境之美！——《广州纪游》

如我的《广州纪游》所说的一切事物，都无从涉及。因为作者从他的立场的观察点，无从达到这些地方的原故[1]。我现在且把杜甫的一首长歌——《奉先刘少府新画山水障歌》写在下面做个例子：

> 堂上不合生枫树，怪底江山起烟雾！闻君扫却赤县图，乘兴遣画沧州趣。
> 画师亦无数，好手不可遇。对此融心神，知君重毫素。岂但祁岳与郑虔，笔迹远过杨契丹。
> 得非玄圃裂？无乃潇湘翻！悄然坐我天姥下，耳边

---

[1] 原故：今一般写作"缘故"。

已似闻清猿。反思前夜风雨急,乃是蒲城鬼神入!元气淋漓障犹湿,真宰上诉天应泣!

野亭春还杂花远,渔翁暝踏孤舟立。沧浪水深青溟阔,欹岸侧岛秋毫末。不见湘妃鼓瑟时,至今斑竹临江活!

刘侯天机精,爱画入骨髓。自有两儿郎,挥洒亦莫比。大儿聪明到,能添老树巅崖里;小儿心孔开,貌得山僧及童子。

若耶溪,云门寺,吾独何为在泥滓?青鞋布袜从此始!

他的观察点是在他朋友的堂上看见他所画的山水障。从这一点去描写。所谓"画师亦无数,好手不可遇",所谓"对此"哪,"知君"哪,"岂但""远过""得非""无乃""悄然坐我""耳边以似""反思""乃是""障犹湿""天应泣""不见""至今""能添老树巅崖里""貌得山僧及童子",那一句离开了这一个观察点——《奉先刘少府新画山水障》?而开首一句"堂上不合生枫树,怪底江山起烟雾",起得异想天开;紧接两句"闻君扫却赤县图,乘兴遣尽沧州趣",轻轻入题,"天衣无缝"。末后"若耶溪,云门寺……"一长句,悠然遐想,大有"画龙点睛,破壁飞去"之概,也是欣赏艺术品后,应有的感想。

（b）内在观察点　就是精神方面的观察点。譬如，从前一般儒者辟佛，韩愈辟佛的文字，同欧阳修辟佛的文字不同；欧阳修辟佛的文字，又同王守仁的不同。为什么呢？就因为他们对于佛的观察点不同，所以虽是同一辟佛，却是各是各的辟法，皆是遵着他们各人的观察点做的。又如，人攻击孔教：有的是从"孔子非教主"这一点上立论的；有的是"孔子之道不合现代生活"这一点上观察的。又如，人反对基督教：有的是从"宗教违背科学律令"这一点上立论的；有的是从"基督教与现代社会主义唯物史观相冲突"这一点上立论的。我们无从那一方面观察，从那一点立论，总要处处顾住我们的观察点。所谓"万变不离其宗"，从前的老先生常常拿"言皆有物，语不离宗"批人的文字，所谓"语不离宗"，就是有系统，处处不失观察点的意思。我们现在拿《墨子·非攻上》一篇做个例：

今有一人，入人园圃，窃其桃李，众闻则非之，上为政者得则罚之，此何也？以亏人自利也。至攘人犬豕鸡豚者，其不义又甚入人园圃窃桃李，是何故也？以亏人愈多，其不仁兹甚，罪益厚。至入人栏厩，取人马牛者，其不仁义又甚攘人犬豕鸡豚，此何故也？以其亏人愈多。苟亏人愈多，其不仁兹甚，罪益厚。至杀不辜人也，扦其衣裘，取戈剑者，其不义又甚入人栏厩取人马牛，此何故也？以其亏人愈多。苟亏人愈多，其不仁兹甚矣，罪益厚。当此天下之君子，皆知而非之，谓之不义。今至大为攻国，则弗知非，从而誉之，谓之义。此可谓知义与不义之别乎？杀一人谓之不义，必有一死罪矣。若以此说往：杀十人十重不义，必有十死罪矣；杀百人百重不义，必有百死罪矣。当此天下之君子，皆知而非之，谓之不义。今至大为不义，攻国，则弗之而非，从而誉之，谓之义，情不知其不义也，故书其言以遗后世。若知其不义也，夫奚说书其不义以遗后世哉？

今有人于此，少见黑曰黑，多见黑曰白，则以此人不知白黑之辨矣；少尝苦曰苦，多尝苦曰甘，则必以此人为不知甘苦之辨矣。今小为非，则知而非之，大为非攻国，则不知而非，从而誉之谓之义，可谓知义与不义之辨乎？——是以知天下之君子也，辨义与不义之乱也。

这一篇文章始终抱定"今小为非，则知而非之；大为攻国，则不知非，从而义之谓之义，此可谓知义与不义之辨乎"这一个观察点，你看这三段文字那段是离开了这个观察点的。

（二）不要把普通的事情和特别的事情放在一块去说。

因为把两种事情放在一块儿说，便有两个观察点，若是没有很好的手段，一定发生许多困难，文字也搅扰不清。譬如，把"青岛旅行"和"我的青岛旅行"做成一篇文字，立刻就可以发现冲突。因为"青岛旅行"是一般的人普通的事情，所有的见闻和观察，大致不能出乎普通习惯所见所闻的以外；"我的青岛旅行"，却处处要以"我"个人亲身所经历的为主，自与一般人的见闻不同。

（三）作者若对于一个问题，要谨严地保守他的观察点，以为有把他所欲言的事实报告一下的必要，也可以先行略叙几句。

如：

（A）余等与卫医士过凯旋门大街，徘徊于枪弹所穿之颓垣破壁间，凭吊巴黎被围时之往迹。余等行近拿破仑帝凯旋门，卫医士忽不进，而指凯旋门附近诸屋之一，谓余等曰……——《柏林之围》

（B）此篇非吾所作也。吾友米计达未死之前三月，于晓月已落初阳未升之际，随余所诵，历历言之，而余就其口授之辞，笔之于书焉。——《百愁门》

（C）吾友毕代尔老而鯀，更事既多，遂成玩世，本篇所记，皆此君之言也。——《梅吕哀》

（D）愚于著论之先，请以一言告读者曰：愚非能赞同复辟者也。十余年前，愚主上海《国民日报》，即唱无君之说，词繁旨博，连载十余日不休。其时人言革命，未讲共和，即吾家太炎，词犹惝恍，愚著革命小册，乞其题字，且以掩迹郑洪为词，独愚与沧州张溥力辟君说，虽其言稚弱偏宕，在所不免，自尔学力略略有加，与前论异趣之点，亦弥不少，而语其大体，则自不达。今共和已成，宁有复持异说之理？惟愚不尚苟同者也，自律律人，悉本是道……事已至此，若复多所顾忌，不以真实理论，收纳感情，祸且不测……——章士钊《复辟平议》

（E）石头果然答道："我师何必太痴？我想历来野史的朝代，无非假借汉唐的名色；莫如我石头所记，不借此套，只按自己的事理，反倒新鲜别致……竟不如我半世亲见亲闻的这几个女子。虽不敢说强似前代书中之人，但观其事迹原委，亦可消愁破闷，至于几首歪诗，亦可以喷饭下酒，其悲欢离合，兴衰际遇，俱是按迹循踪，不敢稍加穿凿，至失其真……我师以为如何？"——《红楼梦》

从上边引的各条看来，我们可以晓得有报告作者所欲叙述的事实的需要是：

（a）表明作者所叙述的事实之所自来，以求忠实。

（b）表明作者的态度，以免误会。

（c）说明所叙述之事实的内容，使读者益加注意。

（四）我们作文往往首尾无谓的冗长，或无须作引言或结论时而为引言或结论，亦足以妨碍文字的统一。

第六节　联络

大家看了前边所说的，现在又看了这个题目，一定要疑惑是"叠床架屋"了。不知道统一（Unity）是全篇或全段都倾向一个中心思想；但联络（Cohernce）是一篇之中，段与段有自然的衔接，或是文字形式上的联络，或是意义上的联络。系统好像是现在所谓全国海陆军统辖于海陆军大元帅，又好像仲尼说的"譬如北辰，居其所而众星拱之"。联络呢？则好像兵士之于排连长，排连长之于营长，营长之于团长，团长之于旅长，旅长之于师长，其相互间有一定关系，一乱则全军组织须要破坏。又如，行星虽统统绕日而行，而远近相绕，各有特殊的或亲殊[1]的关系。不统一则文字便有"一国三公，吾谁适从"之概，不联络则文字便有"颠三倒四""凌乱失序"的样子。譬如，我们把陈独秀先生再致周作人先生的信任意颠倒写在下面：

启明先生：

接来示，使我们更不明白你们反对非基督教的行动是何种居心。

先生们现在果主张基督教、神鬼、孔教、军阀主义、复辟主义、古典文学，及妇人守节等等思想，都有不许人反对之自由吗？

反对非基督教的动因乃在宗教问题以外，真令人觉得奇异了！若是反对它，都是"取缔信仰以外的思想的第一步"吗？都是"对于个人思想自由的压迫的起头"吗？

倘先生们主张一切思想是侵犯了他的自由，便是"日后取缔信仰以外的思想的第一步"；那末先生们早已犯过这种毛病，因为好像先生们也曾经反对过旧思想、神鬼、孔教、军阀主义、复辟主义、古典文学，及妇人守节，等等，为什么我们现在反对基督教，先生们却翻

---

〔1〕 亲殊：今写作"亲疏"。

转面孔来说：这是"日后取缔信仰以外的思想的第一步"呢？

先生们不说我们是多数强者压迫少数弱者，原来合乎真理与否，很难拿强弱多少数为标准，先生们五人固然是少数弱者，但先生们所拥护的基督教及他的后盾，是不是多数强者？这笔帐[1]恐怕先生们还未算清。

因此我现在仍然要劝告先生们——我平生最敬爱的朋友：快来帮助我们少数弱者，勿向他们多数强者献媚！

弟陈独秀白。四月二十一日。

他的统一的倾向并没有变，但是他前后不相接触，不发生段与段的密切关系，所以有系统，又要有联络。且看他原文如何，便知分晓：

启明先生：

接来示，使我们更不明白你们反对非基督教的行动是何种心事。反对非基督教的动因乃在宗教问题以外，真令人觉得奇异了！

倘先生们主张一切思想皆有不许别人反对之自由，

---

〔1〕 帐：今写作"账"。 此类后同。

若反对它便是侵犯了他的自由，便是"日后取缔信仰以外的思想的第一步"；那么先生们早已犯过这种毛病，因为好像先生们也曾经反对过旧思想、神鬼、孔教、军阀主义、复辟主义、古典文学，及妇人守节等等，为什么现在我们反对基督教，先生们却翻转面孔来说：这是"日后取缔信仰以外的思想的第一步"呢？

先生们现在果主张基督教、神鬼、孔教、军阀主义、复辟主义、古典文学，及妇人守节等等思想，都有不许人反对之自由吗？若是反对他，都是"取缔信仰以外的思想的第一步"吗？都是"对于个人思想自由的压迫的起头"吗？先生们反对我们非基督教的思想自由，算不算是"取缔信仰以外的思想的第一步"呢？算不算是"对于个人思想自由的压迫的起头"呢？先生又说我们是多数强者压迫少数弱者，原本合乎真理与否，很难拿强弱多少数为标准，即以此为标准，先生们五人固然是少数弱者，但先生们所拥护的基督教及他的后盾，是不是多数强者？这笔帐，恐怕先生们还未算清。

因此我现在仍然要劝告先生们——我平生最敬爱的朋友：快来帮助我们少数弱者，勿向他们多数强者献媚！

弟陈独秀白。四月二十一日。

大家看了，一定觉得"豁然开朗"，两篇文字的字句完全是一个样，不过一个次序颠倒了，失了它们自然的联络，一个是按着他们的关系，保持他们自然的联络，而一则为一篇很爽利、很深刻、很肫挚的文字，一则简直不能成文，可见"联络"是极关重要的了。

文字有了统一和联络的构造，好像一个人全身脉络自顶至踵四肢百体都是息息相通，肌理肤腠都有自然的部次，可以算得有系统的文字了。若要研究某一篇文字是否有系统，要先把他的观察点寻出，再把他每段的意思抽绎出来，作为提要。然后看他：

（1）每段是否不违背他的观察点？

（2）每段是否不违背自然的衔接？

以上两个问题，若果都能完全解答——不违背观察点，不违背自然的衔接——我们对于这篇文字的精神，便完全了解，这就是科学上分析和综合的方法。有时简直可以把他的内容和组织列出表来，格外清楚。

第六章　文字的精神

以上所说的文字美质——漂亮、动力、譬喻——还是属于形式的；若果仅有形式，而无精神以为主宰，仍然同一个没有生气患贫血病的有机体一样。所以要：（1）丰富的情感；（2）民众的立场；（3）深刻的观察；（4）气势的着重。

第一节　丰富的情感

文字，我们晓得，是发表情感、传达思想、记述事实的一种工具；若以文学的眼光说来，情感更是唯一的要素。我们看古今中外有价值、有生命的文学，那个不是带有丰富的情感的？就是我们平常写一封信，叙一个故事，也要有情感做他的第一生命。《诗经》所以称为中国第一部最古的文学书，也就是这个缘故。譬如《关雎》上说：

关关雎鸠，在河之洲，窈窕淑女，君子好逑。

参差荇菜，左右流之；窈窕淑女，寤寐求之。

求之不得，寤寐思服；悠哉悠哉，辗转反侧。

你看！他思想他的情人至于"寤寐求之""寤寐思服"，甚至于"辗转反侧"。这不是我们中国第一篇爱情的诗么？又如《魏风·伐檀篇》说：

坎坎伐檀兮，置之河之干兮，河水清且涟猗。——不稼不穑，胡取禾三百廛兮！不狩不猎，胡瞻尔庭，有县貆兮！……

坎坎伐辐兮，置之河之侧兮，河水清且直猗。——不稼不穑，胡取禾三百亿兮！不狩不猎，胡瞻尔庭，有县特兮！……

坎坎伐轮兮，置之河之漘兮，河水清且沦猗。——不稼不穑，胡取禾三百囷兮！不狩不猎，胡瞻尔庭，有县鹑兮！……

这算是平民不堪贵族和资本家安坐而食剥夺抢掠的呼

声。至于《硕鼠篇》说得更利害[1]了：

> 硕鼠硕鼠，无食我黍！三岁贯女，莫我肯顾！逝将去女，适彼乐土！……
>
> 硕鼠硕鼠，无食我麦！三岁贯女，莫我肯德！逝将去女，适彼乐国！……
>
> 硕鼠硕鼠，无食我苗！三岁贯女，莫我肯劳！逝将去女，适彼乐郊！……

这一种反抗的态度，何等强硬！简直把资本家和贵族吃着老百姓的，喝着老百姓的，住着老百姓的，还不说老百姓好——"莫我肯顾""莫我肯德""莫我肯劳"——的罪恶骂得"狗血喷头"！这是何等的情感！

第二节　民众的立场

立场就是立脚点。我们说话做文，都要认清楚我们的立脚点，若是立脚点一错，说话做文也必定处处荒谬。譬如现在我们要写家信，报告奉直战争的情形，原来不必掺加批评，据事直陈，不过字里行间，总可寻出写信人对于奉直战

---

〔1〕　利害：今写作"厉害"。

争和孙中山连奉攻直的意见。我们无论如何小心，总是不知不觉便流露出来的。所以我们的立脚点要紧。那末，就以奉直战争、孙中山连奉的问题而论，我们的立脚点究应在什么地方呢？依我看来，站在奉天方面说话，固然不对，站在直隶方面说话也不对，就是站在孙中山方面说话也未见其可。因为直胜不能有利于人民，奉胜更不能有利于人民，就是孙中山会师武汉，也不见得真正就能有利于人民，我们对于他们的行动，简直要拿平等的眼光去看，自己要站在民众的地位。那一种举动，诚然有利于大多数人民，便赞成他；那一种举动，违背大多数人民主持正义的心理，便反对他。不但对于奉直，不为左右袒，就是对于孙中山号称护法救国的，也不必为他的名义所震而故为宽假。我们事事站在民众的场所，说出话来，做出文来，当然光明正大，不像那只知有党派，不知有正义，埋没了良心的人，所做的文字了！

第三节　深刻的观察

我们有了丰富的情感，定了民众的立场，仍然可以做出很危险的文字。为什么呢？因为感情太盛，易于失之偏，就是站在民众的地位，也不见得就能没有错误，要免去这两种毛病，一定要有"深刻的观察"。要想有深刻的观察，必须有经验、有研究、有澈底[1]的了解、有精密的分析，把这几样合在一块，然后才能有深刻的观察，有了这种观察，然后立在民众的地位，带着他那丰富的情感，便成了很好的文字。现在随便引两段《儒林外史》和《太史公书》来就可以看见这种深刻的观察的精神了。

> 太史公曰：夫神农以前，吾不知已。至若《诗》《书》所述，虞、夏以来，耳目欲极声色之好，口欲穷刍豢之味，身安逸乐，而心夸矜势能之荣，使俗之渐民久矣。虽户说以眇论，终不能化，故善者因之，其次利道之，其次教诲之，其次整齐之，最下者与之争。……此其大较也。皆中国人民所喜好，谣俗被服饮食奉生送死之具也。故待农而食之，虞而出之，工而成之，商而通之，此宁有政教发征期会哉？人各任其能，竭其力以得所欲。故物贱之征贵，贵之征贱，各勤其业，乐其事，若水之趋下，日夜无休时，不召而自来，不求而民出之，岂非道之所符，而自然之验耶？——《货殖列传序》

如一个"善者因之"和"人各任其能，竭其力以得所

---

[1] 澈底：今写作"彻底"。此类后同。

欲……各勤其业，乐其事，若水之趋下，日夜无休时，不召而自来，不求而民出之，岂非道之所符而自然之验耶？"这种观察力，简直深入人心和社会的里面，把他的隐秘抉[1]将出来，表暴于世。是何等的深刻！又如：

> ……何美之浑家说道："范家老奶奶，我们自小看见他的，是个和气不过的老人家。只有他媳妇儿，是庄南头胡屠户的女儿，一双红镶边的眼睛，一窝子黄头发；那时在这里住，鞋也没有一双，夏天靸着个蒲窝子，歪腿烂脚的，而今弄两件尸皮子穿起来，听见说做了夫人，好不体面；你说那里看人去！"——《儒林外史》

像胡屠户这样的女儿，就在上海一处也不知道有多少，不过他们都穿上"两件尸皮子"，我们便只看见他们"体面"！这是何等深刻的观察！又如：

> 严监生临死之时，伸着两个指头，总不肯断气。几个侄儿和些家人都来讧乱着问，有说为两个人的，有说为两件事的，有说为两处田地的，纷纷不一，只管摇头

---

〔1〕 抉：今写作"掘"。

不是。赵氏分开众人，走上前道："爷！只有我能知道你的心事，你是为那灯盏里点的是两茎灯草，不放心，恐费了油，我如今挑掉一茎就是了！"说罢，忙走去挑掉一茎，众人看严监生时，点一点头，把手放下，登时就没了气。

作者在这一点小事上，描写出"守财虏"悭吝的心理，这是何等的深刻！古人说"观人必于其微"，就是这个道理。我们无论对于什么事，却要在人不经意的地方或极小的地方留心，往往可以发见[1]有关系很为重要的问题。

第四节　气势的着重

中国文家往往把"气"字这个字看得极重。侯朝宗说："秦以前之文主骨，汉以后之文主气。"杜甫说："词源倒流三峡水，笔阵独扫千人军！"形容文字的气势最好。韩愈也说："气盛而言之，高下皆宜。"——是其把气看做文字的主脑。不过"气势"，以我看来，要分两种：

---

〔1〕　发见：今写作"发现"。

（一）形式的气势

这话怎讲呢？就是：响亮、熨贴，再加之以整齐。不过，文字徒徒地讲求字句的响亮、熨贴和整齐，必定失却本来面目。如韩愈的《应科目时与人书》上说：

> 月日，愈再拜：天池之滨，大江之濆，曰有怪物焉，盖非常鳞凡介之品汇匹俦也。其得水，变化风雨，上下于天不难也；其不及水，盖寻常尺寸之间耳。无高山大陵、旷途绝险为之关隔也；然其穷涸，不能自致乎水，为獱獭之笑者，盖十八九矣。如有力者，哀其穷而运转之，盖一举手一投足之劳也。……聊试仰首一鸣号焉，庸讵知有力者不哀其穷，而忘一举手一投足之劳，而转之清波乎？其哀之，命也；其不哀之，命也；知其在命而且鸣号之者，亦命也。愈今者，实有类于是。

说得虽是气势蓬勃，而一种摇尾乞怜之状，令人作呕，这种气势不足贵。又如孟子说：

> 然则治天下独可耕且为与？有大人之事，有小人之事。且一人之身，而百工之所为备；如必自为而后用之，是率天下而路也。故曰："或劳心，或劳力。劳心

者治人，劳力者治于人。治于人者食人，治人者食于人，天下之通义也。"

韩愈说：

> 君者，出令者也；臣者，行君之令而致之民者也；民者，出粟米麻丝，作器皿、通货财，以事其上者也。君不出令，则失其所以为君；臣不行君之令，而致之民，则失其所以为臣；民不出粟米麻丝，作器皿，通货财，以事其上，则诛。

说得虽是滔滔不绝，但是那一种强词夺理的神气，文气的好处因此全行埋没——这也是不足贵的。

（二）意义的充满和正大

孟子说："其为气也，至大至刚，以直养而无害，则塞乎天地之间；其为气也，配义与道，无是馁也。"我们从他这一段话可以悟出文字的气势：

第一，要修养，对于一种事理，要有正大光明的态度，要主张正义，所谓"理直气壮"，说出话来，自然是强有力的。

第二，是要有甚深甚久的研究，对于一种事理或一个问题，要有深刻的观察，丰富的情感，再加之以有系统的组织，自然就可以像侯朝宗说的"泰华三峰，直与天接，层岚危蹬，非仙灵变化，未易攀陟"和"如纵舟长江大海间，其中烟屿星岛，往往可成一都会，即飓风忽起，波涛万状，东泊西注"那样的奇观。如《史记·项羽本纪》说：

> 于是张良至军门见樊哙。樊哙曰："今日之事何如？"良曰："甚急！今者项庄拔剑舞，其意常在沛公也。"哙曰："此迫矣！臣请入，与之同命。"哙即带剑拥盾入军门，交戟之卫士欲止不内。樊哙侧其盾以撞，卫士仆地。哙遂入，披帷西向立，瞋目视项王，头发上指，目眦尽裂。项王按剑而跽曰："客何为者？"张良曰："沛公之参乘樊哙者也。"项王曰："壮士！赐之卮酒。"则与斗卮酒。哙拜谢，起，立而饮之。项王曰："赐之彘肩。"则与一生彘肩。樊哙覆其盾于地，加彘肩上，拔剑切而啖之。项王曰："壮士！能复饮乎？"樊哙曰："臣死且不避，卮酒安足辞！夫秦王有虎狼之心，杀人如不能举，刑人如恐不胜，天下皆叛之。怀王与诸将约曰：'先破秦入咸阳者王之。'今沛公先破秦入咸阳，毫毛不敢有所近，封闭宫室，还军霸上，以待大王来。故遣将守关者，备他盗出入与非常也。劳苦而功高如此，未有封侯之赏，而听细说，欲诛有功之人，此亡

秦之续耳！窃为大王不取也。"项王未有以应，曰：
"坐。"

你看他把项王那一种光明正大的态度和樊哙那一种"目眦尽裂"的样子，写得如生龙活虎一般，是何等的气势！又如《水浒》上说：

> 林冲疾把王伦首级割下来，提在手里，吓得那杜迁、宋万、朱贵都跪下，说道："愿随哥哥执鞭坠镫！"晁盖等慌忙扶起三人来。吴用就血泊里拽过头把交椅来，便纳林冲坐地，叫道："如有不伏者，将王伦为例！今日扶林教头为山寨之主。"林冲大叫道："先生差矣！我今日只为众豪杰义气为重上头，火并了这不仁之贼，实无心要谋此位。今日吴兄却让此第一位与林冲坐，岂不惹天下英雄耻笑！若欲相逼，宁死而已！弟有片言，不知众位肯依我么？"众人道："头领所言，谁敢不依？愿闻其言。"林冲说道："我林冲虽系禁军遭配到此，今日为众豪杰至此相聚，怎奈王伦心胸狭隘，嫉贤妒能，推故不纳，因此火并了这厮，非林冲要图此位。据着我胸襟胆气，焉敢拒敌官军，他日剪除君侧元凶首恶？今有晁兄仗义疏财，智勇足备，方今天下人闻其名，无有不伏。我今日以义气为重，立他为山寨之主，好吗？"

这一段言语，写林冲慷慨激昂，五步流血的神气，好像空中打下炸雷似的，这种气概简直和史公的《项羽本纪》描写项羽斩宋义一段，同一精彩：

> 项羽曰："将戮力而攻秦，久留不行。今岁饥民贫，士卒食芋菽，军无见粮，乃饮酒高会，不引兵渡河因赵食，与赵并力攻秦，乃曰'承其敝'。夫以秦之强，攻新造之赵，其势必举赵。赵举而秦强，何敝之承！且国兵新破，王坐不安席，埽境内而专属于将军，国家安危，在此一举。今不恤士卒而徇其私，非社稷之臣。"项羽晨朝上将军宋义，即其帐中斩宋义头，出令军中曰："宋义与齐谋反楚，楚王阴令羽诛之。"

由此可知气势不徒在形式之整齐，也不徒在响亮与熨贴，实在赖有"热烈的情感，深刻的观察"，能把社会的背景、人心的虚伪、世情的冷暖，抉发出来，自然有那"群山万壑赴荆门"的势子——是在青年学者心领神会，在文字迹象之表，做那诚中形外、笃实光辉的工夫罢了！

第七章　文字的构造

我们要做文，先要晓得文字的构造。曾国藩说：

> 古圣观天地之文，兽迒鸟迹，而作书契，于是乎有文。文与文相生而为字；字与字相续而成句；句与句相续而成篇。——《致刘孟容书》

又说：

> 古文者，韩退之氏厌弃魏晋六朝骈俪之文，而反之于《六经》两汉，从而名焉者也。名号虽殊，而其积字而为句，积句而为段，积段而为篇，则天下之凡名为文者一也。——《覆许仙屏书》

由此可以晓得无论古文今文，文体语体，没有不是"积字而为句，积句而为段，积段而为篇"的。现在且把他分做：（1）字的构造；（2）句的构造；（3）段的构造；（4）篇的构造；（5）"结论"。

第一节　字的构造

我们现在所说的字不只是一个一个独立的一方块儿的记号，是包括字群在内的。因为中国的字，是独体的、单一的，然而构造意义的时候，却大半是合体的复杂的。譬如"天"哪、"地"哪、"人"哪，等等，皆是独体的、单一的，但是"天子"呀、"地球"呀、"人类"呀、"总统"呀、"革命"呀、"强盗"呀，便是合体的、复杂的了。若是把他们分开，便失了他们合作的意义。所以，我所说的"字"是包括独体的、单一的和合体的、复杂的字的。

（一）字的选择

我们的语言文字，以时间说呢，有五千年的历史；以空间说呢，有二十一行省的地方，当然异常的复杂；若不慎事选择辨别，一定不能做出适当的文字：所以要学那天演论家"择短留良"的手段，用一番取舍的工夫，文字才可以达到文字构造的第一步。

字的选择分为（1）有用的字，（2）慎用的字，（3）避免的字。

（1）有用的字

有用的字，是对着无用的字而言。什么是有用的字呢？

（a）著作家用的

我们做文必须十分明了我们所用的语言的意义；要十分明了所用的语言的意思，必须求之于说文、字书。但是我们为时间经济起见，有时不查字书、说文，仅在从前有名著作家的名著里面可以得着许多相当的语言——字或词。这些字或词都是他们（有名作家）几经试验、锤炼过的，我们拿来用了，最足以增长我们文字的精神。

（b）国民通行的

有名著作家用过的锤炼过的，固然是优美的了，熟练的了，但未必都能为一般人民的文字所采用，所以要国民中多数通行的语言文字。所谓国民多数通行的语言文字，也就是国民文学所采用或所铸造出来的语言文字。

（c）现代用的

有了有名的著作家所锤炼的语言文字，又有国民文学所铸造的语言文字，似乎可以够用了；其实不然。有名的著作家，固然是给我们许多很优美很有艺术的语言文字，但是在我们通常的文字里，不见得处处皆适用；就是国民文学所给我们的通行语言，也未必就没有遗憾。因为国民通行的，不见得就是现代的；有名著作家锤炼的，也不见得就是现代普通生活的文字所需要的。所以还要以现代通行的字为限。

（2）慎用的字

从前做文，最忌用俗语，所谓"其文不雅驯，搢绅先生难言之"。现在我们生在平民文学思潮汹涌的时代，俗语当然不能排斥。而世界学术日新月异，徒恃本国文字，绝不能包罗万有，势亦不能不开放文禁，以容纳外国文字之输入；不过我们要慎重去用他。

用俗语应注意下列条件：

（1）写一般平民生活，以肖其为人。如：

邻居内一个尖酸人说道："罢了，胡老爹！你每日杀猪的营生，'白刀子进去，红刀子出来'，阎王爷不知叫判官在簿子上记了你几千条铁棍！"——《儒林外史》

差人道："先生！你一个'子曰行'的人，怎样这样没主意！自古'钱到公事办，火到猪头烂，'只要破些银子，把这枕箱买了回来，这事便罢了！"又道："……他又见了几个'冲心'的钱，这事才得了。我是一片本心，特地来报信，我也只顾得无事，落得'河水不洗船'；但做事也要'打蛇打七寸'才好，你先生请上裁。"——《儒林外史》

差人恼了道："这个正合着古语，'瞒天讨债，就地

还钱！'我说二三百银子，你就说二三十两，'戴着斗笠
亲嘴，差着一帽子！'怪不得人说你们'诗云子曰'的
人难讲话！——这样看来，你好像'老鼠尾巴上害疖
子，出脓也不多！'倒是我多事，不该来惹这'婆子口
舌'！"——《儒林外史》。

那妇人在楼上看了武松这表人物，自心里寻思道：
"……你看我那'三寸丁谷树皮'，'三分像人，七分似
鬼'，我直恁地晦气！……"——《水浒》

那妇人笑道："怎地这般颠倒说？常言道：'人无刚
骨，安身不牢。'奴家平生快性，看不得这般'三答不
回头，四答和身转'的人！"——《水浒》

你们都说的是"隔壁帐"。——《儒林外史》

死知府不如一个活老鼠。——《儒林外史》

刘老老一面走一面笑说道："你老是'贵人多忘
事'，那里还记得我们？"——《红楼梦》

咱们"胳膊折了，往袖子里藏。"——《红楼梦》

(2) 家人父子自道其性情。如：

削去头发便是他，留起头发还是我。——《郑板桥
家书》

医得眼前疮，剜却心头肉。——《郑板桥家书》

效伯高不得，犹为谨敕之士，所谓"刻鹄不成尚类鹜"者也；效季良不得，陷为天下轻薄子，所谓"画虎不成反类狗"者也。——马援《诫兄子严敦画》

（3）讲学时往往拿习惯的话头来做偈子，片言只字，可以传出道妙。

仆近时与朋友论学，惟说"立诚"二字，"杀人须就咽喉上著刀"。——《王阳明与王纯甫书》

东郭尝云："古人惜阴，'一刻千金'。一年之间，有许多金子……"——《明儒学案》

"撑起两根穷骨头，养和一团春意思"——曾国藩语

"白手起家，勿在他人脚跟下凑泊。"——《明儒学案》

其他如佛家所谓"佛道是狗矢撅"，庄子所谓"道在溺溺"，皆是此种用法。

以上的俗语虽说是很有用，但若不加慎重，滥用起来，很足以减少文字的价值。

用外国语应注意下列各事：

（a）必须外国的语言，中文没有适当的字可以替代他的时候，以用原字音译为宜。如佛典所谓"多陀阿伽陀"（如来）、"释迦牟尼"（《本起经》翻"释迦"为"能仁"，《本行经》译"牟尼"为"寂默"）、"修多罗"，又如章行严主张把 Logio 直译为逻辑，也是这个意思。

（b）外国人名、地名应直用原音译成国文，如：摩诃迦叶、阿难、拿破仑、华盛顿、李宁、天竺、欧罗巴、俄罗斯等皆是。[1]

（3）避免的字

上边所说的字或词，第一是完全有用的，第二虽有用却有限制的。后面所说的是无用的字，应避免的。

（a）粗鄙的字　如《金瓶梅》《九尾龟》和其他类似此等书中描写纯兽性生活，烂污不堪，野蛮太甚的字眼，不可引用。

（b）死字　古人所用的字，到了现在，有许多都失了他们的生命，就是死字，废去不用的了。如古人叫：

两岁的马做"驹"；

---

〔1〕 此段人名、地名的音译有些与现在通译不一样，这里不再注明。

三岁的马做"駣";

黄白杂毛的马做"駓";

白色黑鬣尾的马做"骆";

赤身黑毛尾的马做"骝";

青骊文的马做"骐";

苍黑杂毛的马做"骓";

黄身黑喙的马做"騧";

七尺高的马做"騋";

八尺高的马做"龍"。——参看《许氏说文》

现在除了"马驹"的"驹"字还照常使用，其余的都废掉了。不过于"马"字上面加上一些形容词去做那"駣""骆"等字的区别，却是作者读者都便当多了。又如古人叫：

两岁的牛做"犊";

三岁的牛做"犙";

四岁的牛做"牭";

纯色的牛做"牷";

杂色的牛做"犝";

白色的牛为"犍";

黄白色的牛做"犥";

小牛做"犊"。——参看《许氏说文》

现在除了"牛犊"的"犊"字还照常使用，其余的字都废去了。也只用些形词在前面做他们的差德[1]，如"黄牛""水牛""老牛""花牛"之类。又如古人之于人身代名词，单称的：

第一身有："言""卬""朕""余""予""吾""我"等字；

第二身有："尔""汝""你"等字；

第三身有："彼""其""伊""他"。

至于三身的复称则有：

第一身——"余等""予辈""吾曹""吾侪""我等""我辈""我们"，等等。

第二身——"尔曹""尔辈""汝曹""汝辈""你们"，等等。

第三身——"彼辈""伊等""他们"，等等。

若在白话文中，单称的：

---

[1] 差德：关于界说的术语，是指不同类间的差异。

第一身只有一个"我"字；

第二身只有一个"你"字；

第三身只有一个"他"字。

复称的呢？

第一身只有"我们"两个字；

第二身只有"你们"两个字；

第三身只有"他们"两个字。——参看《胡适文存》

这是何等的简便！就是在文言中，如"卬""言""朕"等，也久已变成死字了。

（c）专门术语　做文的人有一种习惯：他专攻的是那一科，做出文字来，便不知不觉地，用上许多的他所专攻的科学的术语。讲哲学的，开口便是什么"唯心""唯物""一元""二元"或"多元"；讲神学的，开口便是"一神""多神""有神""无神"；讲科学的，开口便是"原子""电子""以太""归纳""化分"和"现象"等等。若是他的文字在说明他各所专攻的科学，自然是应该的；若是普通应用的文字，便不能像这样了。因为他的目的是给一般人看的读的，所用的字，越浅显越好、越普通越好。反过来说，越带着专门性质越减少他的效力。

（二）字的意义

字是表示思想、传达情感的工具的最小的单一体，要思想表示的清楚，感情传达的深厚，必须明了字的意义。告诉我们字义的有字典、辞典，《说文》《尔雅》等书。但是他们仅仅告诉我们某字是怎样讲、怎样构造成功的，并不告诉我们怎样的用法。而且我们若是字字去查字典，翻《说文》，对证《尔雅》，好却极好，不过太麻烦了。况古今的字义，有许多的变迁，顺着孳乳浸多因应时代需要的趋势，有的古时是这个意思，现在不是这个意思了；有的古时这个字只有一个意思，现在却引申出来许多意义了。所以专恃《说文》、字典，也是靠不住。最好的方法是多读文学的作品，听名人的讲演，看他们对于字的用法，然后参以《说文》、字典，便可连用自如，不致发生错误，或不自然的文字的构造了。

（1）多义的字

人类的思想日有进步，生活日益复杂，文字也要随着进步，随着复杂。譬如：这个"辟"字，本来做"法"字解。《说文》说，"辟，法也"，引申之为"罪"；又引申之为"辟除"，如《周礼》的阍人为之"辟"，《孟子》的行"辟"人，"辟"寒，"辟"恶之类是也。又引申为"一边之义"，如《左传》说，阙西"辟"，是也。或又借为"僻"字，或借为"避"字，或借为"譬"字，或借为"闢"字，或借为"壁"字，或者借为"襞"字，现在"复辟"的"辟"字，又借为君主的意思。照此说来，文字岂不是发生大困难了么？这却不难，只要留心研究上下的关系，便可"迎刃而解"。如：

（1）伯夷辟纣，居北海之滨……太公辟纣，居东海之滨。——《孟子》

（2）君子平其政，行辟人可也。——《孟子》

（3）不利传辟者之辞。——《荀子》

（4）然则王之所大欲可知矣：欲辟土地，朝秦楚，莅中国，而抚四夷也。——《孟子》

（5）辟也者，举也物而以明之也。——《墨子》

（6）愚于著论之先，请以一言告读者曰："愚非能赞同复辟者也。"——章士钊《复辟平议》

上边所举的几个"辟"字各有不同的意义。但是我们看了"举也物而以明之"的"辟"字，绝不会把他当做"复辟"的"辟"字解；看了"辟纣"的"辟"字，绝不会当做"欲辟土地"的"辟"字解。这就是有上下文限制他们的意义，读者可以寻索而得的。还有一段文字，或一句文字里用字同而义异的。如：

> 山径之蹊，不可胜由矣；向墙之户，不可胜入矣。曰："恶由入?"曰："孔氏。孔氏者，户也。"曰："子户乎?"曰："户哉，户哉，吾独有不户者矣!"——《扬子》

> 何其较且易？曰："谓其不奸奸，不诈诈也。如奸奸而诈诈，虽有耳目，焉得而正诸?"——《扬子·吾子》

> 是是非非谓之知，非是是非谓之愚，伤良曰谗，害良曰贼，是谓是、非谓非，曰直。——《荀子·修身篇》

> 信信，信也；疑疑，亦信。——《荀子·非十二子篇》

上边的"户""奸""诈""是""非"和"疑"字，"信"字，都是一字多义的例子。此种用法，前人叫做虚字实用，实字虚用。曾国藩说：

> 何以谓之"实字虚用"？如春风风人，夏雨雨人，上"风""雨"，实字也；下"风""雨"，则当作"养"字解，是虚用矣。解衣衣我，推食食我，上"衣"

"食"，实字也；下"衣""食"则当作"惠"字解，是虚用矣。春朝朝日，秋夕夕日，上"朝""夕"，实字也；下"朝""夕"则当作"祭"字解，是虚用矣。入其门无人门焉者，入其闺无人闺焉者，上"门""闺"，实字也，下"门""闺"则当作"守"字解，是虚用矣。……何以谓之"虚字实用"？如，步，行也，虚字也。然《管子》之六尺为步，《韩文》之步有新船，《舆地》之瓜步、邀笛步，《诗经》之国步、天步，则实用矣。薄，迫也，虚字也。然因其丛密而林曰林薄，因其不厚而帘曰帷薄，以及《尔雅》之屋上薄，《庄子》之高门悬薄，则实用矣。……从，顺也，虚字也。然《左传》于位次有定者，其次序即名曰从，如荀伯不复从，竖牛乱大从，是虚字而实用矣。

曾氏拿动词当虚字，拿名词当实字，不能谓之犁然有当，已经马建忠氏及近时学者辨之甚详，不过我们因此可以晓得一字而兼多义实是自然的趋势。但是，上所举例，皆系文言，白话文中，此种情形，却比较少了。为什么缘故呢？文言中的单字，在白话文中往往变成双字。如"道"字：在文言里面，"天法道道法自然"是这一个"道"字；"道听而途说"也是这一个"道"字；"道之以德"也是这一个"道"字。若在白话则不然：第一个"道"字为"道理"，第二个"道"字为"道路"，第三个"道"字为"指导"或"引导"。因此，一字多义的困难，在白话文中，要减却不少。

（2）同义的字

有许多字，看来好像同意[1]，用去却有轻重。如，"攻""击""刺""打""杀""攻击""打杀""刺杀"，等等；又如，"仇视""痛恨""嫌恶""憎恶""厌弃"；又如，"恩""德""惠""赐""恩惠""恩情""恩德""恩典"，等等；又如《尔雅》说："初，哉，首，基，肇，祖，元，胎，俶，落，权，与，始也"，是"初、哉……权、与"等字，都和"始"字同义。又说："卬，吾，台，予，朕，身，甫，余，言，我也"，是"卬……言"等字皆与"我"同义。但征之古籍：各有各的特性和历史，不可强同。——这些字，要想用得恰当，也只有多读名家的文学作品，多听名人讲演之一法。

（3）对峙的字

对峙的字，是有反对的意义组在一块的两个字。如：

（1）"大小"听事僧人，各有上贺礼物。——《水浒》

---

[1] 同意：意思相同。

（2）上下左右使了一回。——《水浒》

（3）还多寡有几两选金和几十本样本送与先生。——《儒林外史》

（4）那丈人郑老爹见女婿就要做官，责备女儿不知好歹，着实教训了一顿。——《儒林外史》

（5）若到这样地方去看人，便是赏罚不明了。——《儒林外史》

（6）那秃驴在那里，早早出来决个胜负。——《水浒》

（7）为这病根，也不知请了多少大夫，吃了多少药，花了多少钱，总不见一点效验！——《红楼梦》

（8）妈，好歹快来！——《红楼梦》

（9）多早晚赏我们几张贴贴！——《红楼梦》

（10）国之所以废与存亡者亦然。——《孟子》

（11）天下匈匈数岁者，徒以吾两人耳。愿与汉王挑战决雌雄，毋徒苦天下之民父子为也！——《史记》

（12）故遣将守关者，备他盗之出入与非常也。——《项羽本纪》

（13）欲恶取舍之权：见其可欲也，则必前后虑其可恶也者；见其可利也，则必前后虑其可害也者；而兼权之，熟计之，然后定其欲恶取舍。如是，则常不失陷矣。——《荀子》

（14）荣辱之大分，安危利害之常体。——《荀子》

由上边引来的句子，我们可以抽出三个公例：

（1）事物的全部分内包括有两种相反的分子或动作时，可用对峙的字，如（1）（2）（12）（13）（14）各条。

（2）一件事物里面有两种相反的可能性，但暂尚不能断定其结果时，可用对峙之字，如（6）（8）（10）（11）各条。

（3）有时一件事物，虽明知偏重一端，为欲足言者语气起见，也用对峙的字，如（3）（4）（5）各条。

（4）泛称和特称的字

泛称和特称的字（Specific and general words），就是在意义上有限制和无限制（Definiteness and infiniteness in meaning）的字。这也有个区别：

（a）泛称和特称。如，"人"是泛称，自神农、伏羲、黄帝以来，一直到世界末日的最末一个同类各各独立的个体，然而"神农、伏羲、黄帝"却是单指人类中的各一个特别的个体。

（b）共名和别名。这一类的字，《荀子》说得很明白。

他说：

> 故万物虽众，有时而欲遍举之，故谓之物。物也
> 者，大共名也。推而共之，共则有共，至于无共，然后
> 止。有时而欲遍举之，故谓之鸟兽。鸟兽也者，大别名
> 也。推而别之，别则有别，至于无别，然后止。——
> 《荀子·正名篇》

这是说以物为大共名，则人物也；鸟兽，物也，无论飞
潜动植，与夫山河大地，莫不纳之于共相——物——之中。
譬如，我们以凤凰、杜鹃、鹦鹉、黄鹂，等等为别相，则
"鸟"为共相矣；以豺狼、凶虎，熊罴、麒麟为别相，则
"兽"为共相矣；以鲤、鲫、鲥、鳜为别相，则"鱼"为共
相矣；以黄黑白棕等色种族为别相，则"人"为共相矣；以
鸟兽鱼人为别相，则动物为共相矣；以动植矿等为别相，则
物为共相矣。——这是"推而共之"的大概。至于"推而
别之"的方法，不过反其道而行之便得了。如以"物"为
共相，则动植矿为别相；以"动物"为共相，则鸟兽鱼龟或
水栖、陆栖、两栖和寄生物等等为别相；以"鸟"为共相，
则凤凰、杜鹃、鹦鹉、黄鹂等为别相。如是相推别，"至于
无别而后已"。

第一条所说的，是文法上的作用；第二条所说的，是思

想上——逻辑学上的作用至为重要。（参观[1]杜威的《思想之派别》）

（5）叠字

中国的语言，有一个特殊的现象，就是叠字。为什么要有叠字呢？就是"言之不足，故长言之"的意思。遇到单字不足以形容感情、满足意义的时候，便叠字以充实其语气。如：

（1）麟之趾，振振公子，吁嗟！麟兮！——《诗经》

（2）桃之夭夭，灼灼其华。——《诗经》

（3）坎坎伐檀兮，置之河之干兮。——《诗经》

（4）呦呦鹿鸣。——《诗经》

（5）皇皇者华。——《诗经》

（6）美哉，泱泱乎大风也哉！——《左传》

（7）《商书》灏灏尔，《周书》混混尔。——《扬子》

（8）彼以煦煦为仁，孑孑为义。——韩愈的《原道》

（9）恐恐然惟惧人之不得为善之利。——韩愈的

---

[1] 参观：指明学术参考出处，今一般用"参见"。

《原毁》

（10）纷纷籍籍相乱。——韩愈的《读荀子》

（11）麟之为麟，昭昭也。——韩愈的《获麟解》

（12）寻坠绪之茫茫。——韩愈的《进学解》

（13）岂可使呶呶者早暮拂吾耳，搔吾心。——柳宗元的《答韦立中论师道书》

（14）是故不苟为炳炳烺烺，务采色，夸声音而以为能也。——《答韦立中论师道书》

（15）还到那里瞧瞧他去。——《儒林外史》

（16）那江里白头浪，茫茫一片。——《儒林外史》

（17）聚集众苗子男男女女饮酒作乐过年。——《儒林外史》

（18）战战兢兢，如临深渊，如履薄冰。——《论语》

把上边的各例归纳起来，（1）（5）（6）（7）（11）（13）各条的叠字，是形容词；（2）（8）（12）（14）各条的叠字是抽象的名词（Abstract noun）；（3）（4）（9）（10）（18）各条，是形容动词；（17）条的是复称名词（Plural noun）；（15）条的是动词。这种叠字，白话文中尤其多，随便翻开《红楼梦》，在第二十四回一六和一七两页上，便找着许多，如："倒是一头黑鸦鸦的好头发""唏唏哈哈的笑着进来""趔趔趄趄泼泼撒撒的"，至于"爷爷""奶奶""爸爸""妈妈""嫂嫂""叔叔""哥哥""弟弟""姊姊""妹妹"，不一而足。用这些字实比那些文字眼儿要天真烂漫的多。

第二节　句的构造

什么叫做句呢？马建忠先生说："凡有起词，有语词，而辞意已全者，曰，句。"又说："所谓辞意已全者，即或惟有起词语词，而语意已达者，抑或已有两词，而所需以达意，如转词、顿读之属皆各备具之谓也。"依我看来，我们集合两个以上的字去表明一个完全的思想的字群，就叫做句。句的构造，应当分两步研究：（1）关于思想上的分类；（2）关于修词学上的分类。

（一）关于思想上的分类

这种句子大概分两类：（A）平常的句子，仅包括着起词语词，已足表明一个简单的思想；（B）联合的句子，至少要包括两个以上的独立的子句，这种独立的子句，各有他自己的起词语词，若照着修词学说起来，他们简直可以算得独立的句子。

（A）平常的句子

平常的句子，有起词，有语词，有时附带着他们的制限词。这种制限词，或是少数的字，或是短句，或是子句——《马氏文通》叫做"顿"与"读"——不能一定。若是制限词是子句，这种子句自有他的起词语词，这种句子，便叫做"复杂的句子"；但是他的构造还是和平常的句子相同，不过一个简单，一个繁复罢了。譬如说：

子悦。

天雨。

这是最简单的句子，因为他们每句只有一个起词，一个语词。又如：

孔子行。

天将大雨。

稍微复杂一点，但是大家还很容易看得出他们是平常的句子。又如：

不嗜杀人者能一之。——《孟子》
牛布衣近日馆于舍亲卜宅。——《儒林外史》

二十年头里的焦大太爷眼里有谁？——《红楼梦》

这等句子好像是复杂了，其实还是平常的句子。为什么呢？因为"不嗜杀人"不过是起词"者"字的制限词，"之"字是"能一"的受动词；"近日"是"馆"字的时间形容动词（Adverb of time），"于舍亲卜宅"，是"馆"字的补足语；"二十年头里的"是"焦大太爷"的制限词，"眼里"是"有谁"的空间形容动词（Adverb of place）罢了。他们自己不是子句，自己没有起词语词，依然是个平常的句子。

　　管仲，曾西之所不为，而子为我愿之乎？——《孟子》
　　那两个美人笑容里很带着一点荡意，好像她们若没有掮住烛台的职务，真要跳下地来，大大的玩一回了。——胡适的《短篇小说》
　　说时迟，那时快，薛霸的棍快举起来，只见松树背后，雷鸣也似一声，那条禅杖飞将来，把这水火棍一隔，丢去九霄云外，跳出一个胖大和尚来，喝道："洒家在林子里听你多时！"——《水浒》

"曾西之所不为"，一方面做"管仲"的制限词，一方面他自己有起词有语词，成为独立的子句，"好像他们若没有……真要跳下地来……"是"笑容里很带着一点荡意"的制限词；"说时迟，那时快"是"快举起来""飞将来"和"跳出"等动词的形容动词，"雷鸣也似一声"是"喝道"的形容动词，而"洒家……多时"是"喝道"的子句，"那条禅杖……九霄云外"是制限"跳出一个胖大和尚"的子句。有时这样的句子，为使他简单明了起见，可以极力减削；有时为使他意义分外充满起见，可以极力把他扩充、发挥，其形式虽与平常的句子有长短繁简的不同，他们构造的骨干却是一样。

（B）联合的句子

平常的句子只有一个起词、一个语词，这起词语词或有制限词或没有，是不能一定的。复杂的句子虽是可以包括一个两个或两个以上的子句，但是他也只有一个起词和一个语词是主要的，这个句子叫做主句（Principal clause）；其余的皆是附属或服从他的，叫做从句（Subordinate clause）；至于联合的句子则不然了。一句里面，至少包括两个子句，这些子句，是势均力敌、不相主从的。他们可合可分，合之则为一句，分之则为数句。合之则如联邦，除以共同之意向为统一的枢机外，各各还保他们的文法上的独立。分之则俨然各自自成一"都会"。此类句子，约分四类：

（a）排句而意无轩轾的

凡有数句，其字数略同，而句的意义和组织又相类的，叫做"排句"。如：

　　（1）抑之欲其奥，扬之欲其明，疏之欲其通，廉之欲其节，激而发之欲其清，固而存之欲其重。——柳宗元《答韦中立论师道书》

　　（2）朽木不可雕也，粪土之墙不可圬也。——《论语》

　　（3）国家之败，由官邪也；官之失德，宠赂章也。——《左传·桓公二年》

　　（4）孔子曰："知我者，其惟《春秋》乎？罪我者，其惟《春秋》乎？"……昔者，禹抑洪水而天下平；周公兼夷狄、驱猛兽而百姓宁；孔子成《春秋》而乱臣贼子惧。——《孟子》

　　（5）五色令人目盲；五音令人耳聋；五味令人口爽；驰骋畋猎，令人心发狂；难得之货，令人行妨。——《老子》

　　（6）大道废，有仁义；智慧出，有大伪；六亲不和，有孝慈；国家昏乱，有忠臣。——《老子》

　　（7）一望的长松；

　　　　　一望的围墙；

　　　　　一望的金镂；

一望的朱漆殿宇。——《草儿·日光纪游》

（8）一派注重种族革命，说是只要把满洲人撵跑了，不愁政治不清明；一派注重政治革命，说是把民治机关建设起来，不愁满洲人不跑。——《梁任公最近讲演集》

（9）那穿绿袍的，总司天下毛族，乃百兽之主，名百兽大仙；那穿红袍的，总司天下禽族，乃百鸟之主，名百鸟大仙；那穿黑袍的，总司天下介族，乃百介之主，名百介大仙；那穿黄袍的，总司天下鳞族，乃百鳞之主，名百鳞大仙。——《镜花缘》

（10）你不知俺这村中有个大财主，姓柴，名进，此间称为柴大官人，江湖上都唤做"小旋风"。——《水浒》

（11）人类本来是动物不是神圣，"不完全"就是他的本色。——《梁任公最近讲演集》

（b）排句而别浅深的

排句之中，其文法的组织，字的数目，都差不多，而意思或是由浅入深、由深入浅；或是一步紧一步，或是一步松一步；或是一步轻一步，或是一步重一步；或相比较皆归这一类。如：

（1）人生而有欲，欲而不得，则不能无求；求而无度量分界，则不能不争；争则乱，乱则穷。——《荀子·理论篇》

（2）名不正，则言不顺；言不顺，则事不成；事不成，则礼乐不兴；礼乐不兴，则刑罚不中；刑罚不中，则民无所措手足。——《论语》

（3）知止而后有定，定而后能静，静而后能安，安而后能虑，虑而后能得。——《大学》

（4）天命之谓性，率性之谓道，修道之谓教。——《中庸》

（5）卒然问曰："天下恶乎定？"吾对曰："定于一。""孰能一之？"对曰："不嗜杀人者能一之。""孰能与之？"对曰："天下莫不与也。"——《孟子》

（6）王曰："何以利吾国？"大夫曰："何以利吾家？"士庶人曰："何以利吾身？"——《孟子》

（7）万乘之国，弑其君者，必千乘之家；千乘之国，弑其君者，必百乘之家。——《孟子》

（8）单讲蓬莱山有个薄命岩，岩上有个红颜洞，洞内有位仙姑，总司天下名花，乃群芳之主，名百花仙子，在此修行多年。——《镜花缘》

（9）什么顷间，什么八十多天，什么八十多年，都不是时间上重大问题。——陈独秀《答半农的D——

诗》

（10）有圣人之知者，有士君子之知者，有小人之知者，有役夫之知者。——《荀子·性恶篇》

（11）假如师兄你管了一年菜园，好，便升你做个塔头；又管了一年，好，升你做个浴主；又一年，好，才做监寺。——《水浒》

（12）耕者有余粟而欲得布，携之以就有余布者以求交易，无如有余布者，不欲得粟而欲得羊，则有余粟者困矣。有余布者，携其布以向牧者易羊，而有余羊者，不欲得布而欲得器，则有余布者又困矣。有余羊者，牵其羊以向工者求易器，而工者不欲得羊而欲得粟，则有余羊者又困矣。有余器者，携其器以向耕者求易粟，乃耕者不欲得器而欲得布，则有余器者亦困矣。——孙文的《建国方略》

（c）两商的句子

两商的句子是于一个问题或一种事理做一种揣测预拟之辞，或为两端之言，或为相反之论。不过，其中也有个区别：（1）有的是偏于一端而先以两端之论以尽其利害，然后从而取择。如：

（1）嫂溺不援，是豺狼也。男女授受不亲，礼也。

嫂溺，援之以手者，权也。——《孟子》

（2）陈臻问曰："前日于齐，王馈兼金一百而不受；于宋，馈七十镒而受；于薛，馈五十镒而受。前日之不受是，则今日之受非也；今日之受是，则前日之不受非也。夫子必居一于此矣。"孟子曰："皆是也。当在宋也，予将有远行，行者必以赆，辞曰：'馈赆。'予何为不受？当在薛也，予有戒心，辞曰："闻戒，故为兵馈之。"予何为不受？若于齐，则未有处也。无处而馈之，是货之也。焉有君子而可以货取乎？"——《孟子》

（3）对你们说西南政府不好，你们要说我伍廷芳客气；对你们说好，人家又要说我吹牛皮！——《广州纪游·伍廷芳博士演说》

（4）求牧与刍而不得，则反诸其人乎？抑亦立而视其死与？——《孟子》

（5）徒善不足以为政，徒法不能以自行。——《孟子》

（d）反对的句子

一句之内，包含着两个以上语意相反的子句，就叫做反对的句子。如：

（1）这也没什么稀奇，从前办公司的，不是老官场便是老买办，一厘新知识也没有；如今年富力强的青年，或是对于所办事业有专门学识的，或是受过相当教育常识丰富的，渐渐插足到实业界。——《梁任公先生最近讲演集》

（2）弱者阶级散开了，成为逐个逐个的"我"，便是天下之至弱；弱者阶级合拢来成为一个"我们"，便是天下之至强。——同前集

（3）太史公曰："吾视郭解，状貌不及中人，言语不足采者。然天下无贤与不肖，知与不知，皆慕其声。"——《史记·游侠列传》

（4）死有轻于鸿毛，有重于泰山。——李颙《四书反身录·中庸》

（5）离娄之明，公输子之巧，不以规矩不能成方圆；师旷之聪，不以六律不能正五音；尧、舜之道，不以仁政不能平治天下。——《孟子》

（6）小人耻失其君而悼丧其亲，不惮征缮以立圉也，曰："必报仇，宁事戎狄。"君子爱其君而知其罪，不惮征缮以待秦命，曰："必报德，有死无二"。以此不和。——《僖公十五年》

（二）从修词学上所见的句子分类

有种句子，一句之中，至少要停顿两次，而于文法构造均无违背，叫做弛缓的句子（Loese Sentence）；有种句子不到最后一字，则本句语意不得完全，这叫做严紧的句子（Periodical Sentence）。换句话说就是：弛缓的句子，一句之中，可以分成数读，每至一读或两读以上，皆可自成一句，并没有分裂之虞；严紧的句子，必至终点，而后语气乃完。弛缓的句子如下：

（1）我大总统何苦以千金之躯，为众矢之鹄；舍磐石之安，就虎尾之危；灰葵藿之心，长萑苻之志？——梁启超《上袁世凯书》

（2）有时因为贵族相争；有时国王与红衣主教争；有时国王与西班牙人争；有时无业游民横行霸道，或强盗抢劫；有时因耶稣教民与天主教民相斗；有时饿狼成群入市。城中人时常预备戒严，有时同耶稣教民打架，有时同贵族相斗，甚至同国王相抗击的时候也有，却从来不敢同主教闹。——君朔译的《侠隐记》

（3）今王鼓乐于此，百姓闻王钟鼓之声、管籥之音……举忻忻然有喜色而相告曰："吾王庶几无疾病与？何以能鼓乐也？"——《孟子》

（4）城非不高也，池非不深也，兵革非不坚利也，米粟非不多也；委而去之，是地利不如人和也。——
《孟子》

（5）康公，我之自出，又欲阙剪我公室，倾覆我社稷，帅我蟊贼，以来荡摇我边疆，我是以有令狐之役。康犹不悛，入我河曲，伐我涑川，俘我王官，剪我羁马，我是以有河曲之战。——《左传·成公十三年》

（6）故女日必坐床头，读其假造之军中新闻，手持普鲁士地图，笔画我军进取之道。巴逊大将军趣柏林也，滑煞大将军进巴维亚也，麦马洪大将军占领巴罗的海上诸省也。——短篇小说《柏林之围》

看了以上六个例子：（1）（6）两条是弛缓的句子。为什么呢？因为第（1）句可以至“为众失之鹄”而止，或至“舍磐石之安就虎尾之危”而止；第（6）条可以至“滑煞大将军进巴维亚也”而止，与文法和构造均不违背，所以叫他做“弛缓的句子”。其余各句，不到一定字句，则其意义不完，与文法构造均不适合，所以叫做“严紧的句子”，又叫“完成的句子”。

以上所说的两类句子——一从思想上分的；一从修辞学上分的——用的时候应当注意的是：

（1）我们按着我们的思想和事实的性质，顺着自然的要求，应该用那一类的句子，便用那一类的句子。

（2）平列的句子——排句——很足以振作文气，然往往句法流于单调，又足以减少文字的兴趣。

（3）弛缓的文句，不可轻用，轻用则足以使文陷于理论的误谬。如梁任公《上袁世凯书》说：

"今也水旱频仍，殃灾荐至，天心示警，亦已昭然；重以吏治未澄，盗贼未息，刑罚失中，税敛繁重，祁寒暑雨，民怨沸腾……"

里面所谓"天心示警，亦已昭然"和"祁寒暑雨"都不合论理，不过为舒畅文气之用而已。

第三节　段的构造

我们晓得一个句子是集合两个以上的字，有起词，有语词，以表明一个完全思想的。假使我们要把这一句主要的思想（Central Thought）反复说明，把凡关于他的事实和附属的思想，凑合起来，成了两句以上的句群，便是段的组织。这种组织，也是自然的区分（Natural Divisions），在作文法上是与句的区分一样重要。段的组织应注意以下各事。

（一）中心思想

有了中心思想，然后文字意义才有所附丽。不过，这种中心思想，有特别表明的；有暗藏在每段的意义里面的，要在读者作一番提要钩元的工夫，始寻得出来的。如：

（1）百愁门初创时，凡有十客。吾之外有两巴布，来自阿那古里，财尽而去。一为老冯之侄。一为商媪，颇有所蓄。一为英人，其名则余忘之矣。此人吸烟无算，而未付一钱。人言此君在加尔各答作律师时，曾救老冯之命，老冯感恩，不受其值云。一人来自马德拉，与余为同乡。一为半级妇人。余二人来自北方，非波斯人即阿富汗人耳。此十人者，今惟五人存，皆日日来此。其两巴布今不知所终。商媪入此门六月而死。人言老冯藏其首饰及鼻上金环，不知确否！其英人既吸烟，复纵酒，久绝迹矣。——胡适译短篇小说《百愁门》

（2）人皆有不忍人之心。先王有不忍人之心，斯有不忍人之政矣。以不忍人之心，行不忍人之政，治天下可运之掌上。所以谓人皆有不忍人之心者，今人乍见孺子将入于井，皆有怵惕恻隐之心，非所以内交于孺子之父母也，非所以要誉于乡党朋友也，非恶其声而然也。由是观之：无恻隐之心，非人也；无羞恶之心，非人也；无辞让之心，非人也；无是非之心，非人也。恻隐之心，仁之端也；羞恶之心，义之端也；辞让之心，礼之端也；是非之心，智之端也。人之有是四端也，犹其有四体也。有是四端而自谓不能者，自贼者也；谓其君不能者，贼其君者也。凡有四端于我者，知皆扩而充之矣，若火之始然，泉之始达。苟能充之，足以保四海；苟不充之，不足以事父母。——《孟子》

（3）这里茗烟走进来，便一把揪住金荣问道："我们的事，管你甚么相干！你是个好小子，出来动一动你茗大爷！"吓的满室中子弟都怔怔的痴望。贾瑞忙喝："茗烟不得撒野！"金荣气黄了脸，说："反了！奴才小子都敢如此！我只和你主子说！"便夺手要去抓打宝玉。秦钟刚转出身来，听得脑后飕的一声，早见一方砚瓦飞来，并不知系何人打来，却打了贾蓝、贾菌的座上。这贾蓝、贾菌亦系荣府的近派重孙。这贾菌少孤，其母疼爱非常，书房中与贾蓝最好，所以二人同坐。谁知这贾菌年纪虽小，志气最大，极是淘气不怕人的。他在位上，冷眼看见金荣的朋友暗助金荣，飞砚来打茗烟，偏打错了，落在自己面前，将个磁砚水壶儿打了粉碎，溅了一书墨水。贾菌如何依得，便骂："好囚攮的们！这不都动了手了么！"骂着，也便抓起砚砖来要飞。贾蓝是个省事的，忙按住砚砖，极劝道："好兄弟，不与咱们相干。"贾菌如何忍得？见按住砚砖，他便两手抱书篮子来，照这边掀了来。终是身小力薄，却掀不到，反掀至宝玉、秦钟案上就落下来了。只听豁啷一响，砸在桌上，书本、纸片、笔、砚等物撒了一桌；又把宝玉的一碗茶也砸得碗碎茶流。那贾菌即便跳出来，要揪打那飞砚的人。金荣此时随手抓了一根毛竹大板在手，地狭人多，那里经得舞动长板？茗烟早吃了一下，乱嚷："你们还不来动手？"宝玉还有几个小厮：一名扫红，一名锄药，一名墨雨。这三个岂有不淘气的？一齐乱嚷："小妇养的！动了兵器了！"墨雨遂掇起一根门闩，扫红、锄药手中都是马鞭子，蜂拥而上。贾瑞急得拦一回这个，劝一回那个，谁听他的话，肆行大乱。众顽童也有帮着打太平拳助乐的，也有胆小藏过一边的，也有立在桌上拍着手乱笑、喝着声儿叫打的，登时鼎沸起来。——《红楼梦》

（4）王后前走两步，巴金汗跪在地下，拿了袍脚来亲。王后说道："爵爷，你晓得不是我叫你来的？"公爵道："我晓得。我若是相信石头会熔化，雪会生热，我岂不成了个呆子？但是有了爱情的人，也望能够感动别人生爱情。我今番来了，见着你，也不算白来了。"王后答道："你可晓得我为什么见你？我看你心里狂乱得可怜；我看你住在这里，时刻有性命之忧，也与我的名誉有碍，故此我见你，告诉你。样样事体，都是叫我们分，不叫我们合。不独是一片大海分隔我们，两国的王上不对分隔我们，就是大婚的誓语也分隔我们。万万做不到的事体，你还是要做，也是枉然。我今日见你，就是要告诉你：我们从此再不能见面了。"巴金汗答道："请你只管说；你极甜的声音，把你的极苦的话，调和了好些。你说誓语是不可犯的，我且问你：上帝造就的两个心，要同在一块的，把来分开了，难道这是可犯的么？"——《侠隐记》卷一

以上四段文字，（1）（2）两段是把中心思想明白揭示出来的；（3）（4）两段是没把中心思想明白揭示，而隐约流露于字里行间，要在读者心领神会的。

（二）统一

有了中心思想，或是把他做成简明的句子，安放在本段中适当的地方，或是含在文字的意义里面，然后本段各句的意义，都要以这个中心思想为依皈。我们可以拿孔丘的一句话做比方，"譬如北辰，居其所而众星拱之"。中心思想，譬如北辰，其他各句，譬如众星。例如：

翠环道："我在二十里铺的时候，过往客人见的很多，也常有题诗在墙上的。我最喜欢请他们讲给我听，

听来听去，大约不过两个意思：体面些的人，无非说自己才气怎么大，天下人都不认识他；次一等的人呢，就无非说那个姐儿长的怎么好，同他怎么样的恩爱。那老爷们的才气大不大呢？我们是不会知道的，只是过来过去的人怎样都是些大才？为啥想一个没有才的看看都看不着呢？我说一句傻话：既是没才的这么少，俗语说的好，'物以稀为贵'，岂不是没才的倒成了宝贝了吗？这且不去管他。那些说姐儿们长得好的，却无非是我们眼面前的几个人，有的连鼻子眼睛还没有长的周全呢！他们不是比他西施，就是比他王嫱；不是说他沉鱼落雁，就是说他闭月羞花。王嫱俺不知道他老是谁，有人说，就是昭君娘娘。我想，昭君娘娘跟那西施娘娘难道都是这种乏样子吗？一定靠不住了。至于说姐儿怎样跟他好，恩情怎样重，我有一回发了傻性子，去问了问。那个姐儿说，他住了一夜，就麻烦了一夜。天明问他要讨个两数银子的体己，他就抹下脸来，直着脖儿梗乱嚷说："我正账昨儿晚上就开发了，还要什么体己钱？"那姐儿哩，再三央告着说："正账的钱呢，店里伙计扣一分，掌柜的又扣一分，剩下的全是领家的妈拿去，一个钱也放不出来。俺们的胭脂花粉跟身上穿的小衣裳，都是自己钱买。光听听曲子的老爷们，不能问他要，只有这留住的老爷们，可以开口讨两个伺候辛苦钱。"再三央告着，他给了二百钱、一个小串子，望地下一摔，还要撅着嘴说："你们这些强盗婊子，真不是东西！混帐王八旦！"你想有恩情没有！因此，我想做诗这件事，是很没有意思的，不过造些谣言罢了。你老的诗，怎么不是这个样子呢？"——《老残游记》

这一段的中心思想是："你老的诗，怎么不是这个样子呢？"全段都是说"做诗这件事，是很没意思的，不过造谣罢了"，却句句都是反映那中心思想——"你老的诗，怎么不是这个样子呢？"俗语所谓"万变不离其宗"。

（三）**联络**

每段文字，处处倾向中心思想，固然是好了，但是还不能算尽了结构的能事。必须使第一句与第二句有密切的关系，自然的联锁；第二句又与第三句有密切的关系，自然的联锁。如是相接，有如链索，又如四肢百体各有其不可分离之关系，譬如前面所引的那段《老残游记》的话儿，你看他那一句是可以分离的，那一句是可以颠之倒之的？又如：

方其战争之际，炮震肉飞，血瀑石壁，士饥将困，窘苦拘囚，群疑众侮，积泪涨江，以夺此一关而不可得，何其苦也！及夫祠成之后，裸荐鼓钟，士女瞻拜，名花异卉，旖旎啾玲，江色湖光，呼吸万里，旷然若不复知兵革之未息者，又何乐也！时乎安乐，虽贤者不能作无事之颦蹙；时乎困苦，虽达者不能作违众之欢欣。人心之喜戚，夫岂不以境哉？——曾国藩《湖口县楚军水师昭忠祠记》

"方其……"一句，紧接"夫及……"一句，继用"时乎……时乎……"二个排句作推论；然后用"人心……"一句作结，作者为此文，固辛苦独造，而读者视此，几若天成，便是联络的效力。

第四节　篇的构造

篇的构造，和段的构造差不多；不过段的分子是句，篇的分子是段罢了。照常理说，必须两段以上才可成篇；犹"之乎"两字以上才可成句，是一样的。我们要知道篇是如何构造，只要把段的构造弄明白了，就得了。所以，他的构造方法最重要的，也不外乎：

（一）中心思想

根据前边第二章所说的选题、确定观点取材，等等方法，把中心思想抽绎出来，做成几句主要句子，或一段重要的话儿，做个立论的标准，这种中心思想，就是古人所说的命意。东坡在儋耳时尝教人以作文之法道：

> 儋州虽数百家之聚，州人之所须，取之市而足；然不可徒得也，必有一物以摄之，然后为己用。所谓一物者，钱是也。作文亦然。天下之事，散在经传子史中，不可徒使也，必得一物以摄之，然后为己用。所谓一物者，意是也。不得钱，不可以取物；不得意，不可以用事，此作文之要也。——见《学海类编·东坡文谈录》

东坡之所谓"意"，就是我所说的"中心思想"。我现在且拿蔡元培的《中国古代哲学史大纲序》做个例：

> 我们今日要编中国古代哲学史，有两层难处。第一是材料问题：周秦的书，真的同伪的混在一处。就是真的，其中错简错字又是很多。若没有做过清朝人叫做"汉学"的一步工夫，所搜的材料必多错误。第二是形式问题：中国古代学术，从没有编成系统的记载。《庄子》的《天下篇》，《汉书艺文志》的《六艺略》《诸子略》，均是平行的记述。我们要编成系统，古人的著作没有可依傍的，不能不依傍西洋人的哲学史。所以非研究过西洋哲学史的人，不能构成适当的形式。

现在治过"汉学"的人虽还不少，但总是没有治过西洋哲学史的。留学西洋的学生，治哲学的本没有几人。这几人中，能兼治"汉学"的更少了。适之先生生于世传"汉学"的绩溪胡氏，禀有"汉学"的遗传性；虽自幼进新式的学校，还能自修"汉学"，至今不辍；又在美国留学的时候，兼治文学、哲学，于西洋哲学史是很有心得的。所以，编中国古代哲学史的难处，一到先生手里，就比较的容易多了。

　　先生到北京大学教授中国哲学史，才满一年。此一年的短时期中，成了这一编《中国古代哲学史大纲》，可算是心灵手敏了。我曾细细读了一遍，看出其中几处的特长：

　　第一是证明的方法。我们对于一个哲学家，若是不能考实他生存的时代，便不能知道他思想的来源；若不能辨别他遗著的真伪，便不能揭出他实在的主义；若不能知道他所用辩证的方法，便不能发现他有无矛盾的议论。适之先生这《大纲》中，此三部分的研究，差不多占了全书三分之一，不但可以表示个人的苦心，并且为后来的学者开无数法门。

　　第二是扼要的手段。中国民族的哲学思想远在老子孔子之前，是无可疑的。但要从此等一半神话、一半政史的记载中抽出纯粹的哲学思想，编成系统，不是穷年累月，不能成功的。适之先生认定所讲的是中国古代哲学家的思想发达史，不是中国民族的哲学思想发达史，所以截断众流，从老子孔子讲起。这是何等手段！

第三是平等的眼光。古代评判哲学的，不是墨非儒，就是儒非墨。且同是儒家，荀子非孟子，崇拜孟子的人，又非荀子。汉宋儒者，崇拜孔子，排斥诸子；近人替诸子抱不平，又有意嘲弄孔子。这都是闹意气罢了！适之先生此编，对于老子以后的诸子，各有各的长处，各有各的短处，都还他一个本来面目，是很平等的。

第四是系统的研究。古人记学术的，都用平行法，我已说过了。适之先生此编，不但孔墨两家有师承可考的，一一显出变迁的痕迹，便是从老子到韩非，古人划分做道家和儒墨名法家等的，一经排比时代，比较论旨，都有递次演进的脉络可以表示。此真是古人所见不到的。

以上四种特长是较大的，其他较小的长处，读的人自能领会，我不必赘说了。我只盼望适之先生努力进行，由上古而中古，而近世，编成一部完全的《中国哲学史大纲》，把我们三千年来一半断烂、一半庞杂的哲学界，理出一个头绪来，给我们一种研究本国哲学史的门径，那真是我们的幸福了！

这篇文字的头一段"我们今日……不能构成适当的形式"，便把全篇的中心思想说出。再把这一段的思想归纳起来，便是：

第一，用"汉学"的工夫去搜集中国古代哲学史的材料；第二，是采取西洋人的哲学史的方法，来构成中国古代哲学史的形式。

（二）统一

下边各段只是反复说明这一段的意思，没有一段或一句是越出这个中心思想的范围的。譬如：

第一段：说明中心思想。（如前）

第二段：说明胡适的"汉学"和西洋哲学史的研究。

第三段：说明胡适有此研究，所以能在北京大学，于极短时期，成此名著。

第四段：说明他这部书的第一种特长。

第五段：说明他的第二种特长。

第六段：说明他的第三种特长。

第七段：说明他的第四种特长。

以上这四种特长皆是他研究"汉学"和西洋人的哲学史的结果。

第八段：说明期望他由斯道编成一部完全的《中国哲学史大纲》。

（三）联络

看了上面各段分析的说明，自然可以会寻出他的形式上和意义上的联络，他这篇文字的大略计划是：

第一步，说明编中国古代哲学史，必须兼通"汉学"和西洋哲学史。

第二步，说明胡适便是兼通"汉学"和西洋哲学史的人中的一个。

第三步，说明他所以能编这样的哲学史。

第四步，说明他编哲学史的特长，也可以说，他的方法——四种。

第五步，说明作者对于胡适的希望。

我想作者未下笔之先，已经有了这种设计在心，或记录在纸上，然后按着计画一步一步写出，便是一篇极统一、极联络的有系统的文字。

第二编　文体

文字的体裁，自梁昭明的《文选》至近人《涵芬楼古今文钞》，代有不同，而由简入繁、由浑至画，却是一个共同的趋向，实则至前清姚姬传氏始把文字的体裁划分清楚，湘乡曾国藩著《经史百家杂钞》，祖之，虽少有更易，而大体初不相远，至于近时，侯官吴曾祺氏做《涵芬楼古今文钞》，文字的体裁，分类益详。但以我们研究作文法的眼光看来：（一）他们对于古今文字的分类浩繁，不适于普通作文法的研究；（二）只分文体，不说明文体的功用和他组织的方法，也不适于普通作文法的研究。现在为便利中等学校的学生研究作文起见，仅把他分做四类如下：

（一）叙述文

（二）描写文

（三）解说文

（四）论辩文

第一章　叙述文

叙述文字的目的是：叙述一种史实、传说，或亲见亲闻的事实；或则叙述理想的事实。所以这种文字大约分两类：（1）历史的叙述文；（2）虚构的叙述文。历史的叙述文所叙述的就是上面所说的一种史实、传说或亲闻的事实，虚构的叙述文所叙述的，就是理想的事实。

第一节　历史的叙述文

历史的叙述文分四类：（一）叙述历史上的事迹；（二）叙述得自传说、轶闻的事迹；（三）叙述亲见、亲闻或亲历的事实；（四）假借的事实。待我一一举例如下：

（一）历史事迹的叙述文

（1）孔子生鲁昌平乡陬邑。其先宋人也，曰孔防叔。防叔生伯夏，伯夏生叔梁纥，纥与颜氏女野合而生孔子。——《史记·孔子世家》

（2）辛亥八月十九日，即阳历十月初十日民军起义于武昌，拥黎元洪为都督，称中华民国军政府，以黄帝纪元，宣布宗旨，申明赏罚，人民安堵。——谷钟秀《中华民国开国史》

（二）传说或轶闻的叙述文

（1）越石父贤，在缧绁中。晏子出，遭之涂，解左骖赎之，载归，弗谢，入闺。久之，越石父请绝。晏子惧然，摄衣冠谢曰："婴虽不仁，免子于厄，何子求绝之速也？"石父曰："不然。吾闻君子诎于不知己，而信于知己者。方吾在缧绁中，彼不知我也。夫子既已感寤而赎我，是知己；知己而无礼，固不如在缧绁之中。"晏子于是延入为上客。

晏子为齐相，出，其御之妻从门间而窥其夫。其夫为相御，拥大盖，策驷马，意气扬扬，甚自得也。既而归，其妻请去。夫问其故。妻曰："晏子长不满六尺，身相齐国，名显诸侯。今者妾观其出，志念深矣，常有以自下者。今子长八尺，乃为人仆御，然子之意自以为足，妾是以求去也。"其后夫自抑损。晏子怪而问之，御以实对，晏子荐以为大夫。——《史记·管晏列传》

（2）吾如淮阴，淮阴人为余言：韩信虽为布衣时，其志与众异。其母死，贫无以葬；然乃行营高敞地，令其旁可置万家。余视其母冢，良然。——《史记·淮阴侯列传》

（三）亲见、新闻或亲历的事实的叙述文

（1）吾亲郭解，状貌不及中人，言语无足采者。——《史记·游侠列传》

（2）林文忠之再起也，伍崇曜以数万金，必欲毒之不能得。乃贿通其家人，以极毒之药研末入之蜡烛中。文忠阅公牍每至四更，毒烟漫淫，入于脏腑，遂不十日而毙卒。——文廷式《知过轩随录》

（3）对于"今文学派"为猛烈的宣传运动者，则新会梁启超也。启超年十三，与其友陈千秋同学于学海堂，治戴、段、王之学。千秋所以补益之者良厚。——梁启超《清代学术概论》

（4）太史公既掌天官，不治民，有子曰迁。迁生龙

门，耕牧河山之阳。年十岁，则诵古文。二十而南游江、淮，上会稽，探禹穴，窥九疑，浮于沅、湘；北涉汶、泗，讲业齐、鲁之都，观孔子之遗风，乡射邹、峄；厄困鄱、薛、彭城，过梁、楚以归。——《史记·太史公自序》

（四）假借的事实的叙述文

怎样叫做假借的事实呢？社会上实有其事，不过以种种关系，不好径直记载，不得不借着小说、戏曲、诗歌，用着"假语村言""张冠李戴"之法暗暗地把真事影射出来。如：

（1）永州之野产异蛇，黑质而白章。触草木，尽死；以啮人，无御之者。然得而腊之以为饵，可以已大风、挛踠、瘘、疬，去死肌，杀三虫。其始，太医以王命聚之，岁赋其二，募有能捕之者，当其租入，永之人争奔走焉。

有蒋氏者，专其利三世矣。问之，则曰："吾祖死于是，吾父死于是；今吾嗣为之十二年，几死者数矣！"言之，貌若甚戚者。余悲之，且曰："若毒之乎？余将告于莅事者，更若役，复若赋，则何如？"

蒋氏大戚，汪然出涕曰："君将哀而生之乎？则吾斯役之不幸，未若复吾赋不幸之甚也！向吾不为斯役，则久已病矣。自吾氏三世居是乡，积于今六十岁矣，而乡邻之生日蹙，殚其地之出，竭其庐之入，号呼而转徙，饥渴而顿踣，触风雨，犯寒暑，呼嘘毒疠，往往而死者相藉也。曩与吾祖居者，今其室十无一焉；与吾父居者，今其室十无二三焉；与吾居十二年者，今其室十无四五焉，非死则徙尔。而吾以捕蛇独存。悍吏之来吾乡，叫嚣乎东西，隳突乎南北；哗然而骇者，虽鸡狗不得宁焉。吾恂恂而起，视其缶，而吾蛇尚存，则弛然而卧。谨食之，时而献焉。退而甘食其土之有，以尽吾齿。盖一岁之犯死者二焉，其余则熙熙而乐，岂若吾乡邻之旦旦有是哉！今虽死乎此，比吾乡邻之死则已后矣，又安敢毒耶？"

余闻而愈悲。孔子曰："苛政猛于虎也。"吾尝疑乎是，今以蒋氏观之，犹信。呜呼！孰知赋敛之毒有甚是蛇者乎！故为之说，以俟夫观人风者得焉。——柳宗元《捕蛇者说》

（2）小妇年十二，辞家事翁姑。未知伉俪情，以哥呼阿夫。两小各羞态，欲言先嗫嚅。翁令处闺阁，织作新流苏；姑令杂作苦，持刀入中厨。切肉不成块，礌磈登盘簠；作羹不成味，酸辣无别殊；析薪纤手破，执热十指枯。翁曰："是幼小，教导当徐徐。"姑曰："幼不教，长大谁管拘？恃其桀傲性，将欺颓老躯；恃其骄纵资，吾儿将伏蒲！"今日肆詈辱，明日鞭挞俱；五日无完衣，十日无完肤。吞声向暗壁，啾唧微叹吁。姑云是诅咒，执杖持刀锯："汝肉尚可切，顾肥未为癯；汝头尚有发，薅尽为秋荼！与汝不同生，汝活吾命殂！"鸠盘老形貌，努目真凶屠！阿夫略顾视，便嗔"羞耻无"！阿翁略劝慰，便嗔"昏老奴"；邻舍略探问，便嗔"何与渠"！……岂无父母来？洗泪饰欢娱。岂无兄弟问？忍痛称姑勌！疤痕掩破襟，秃发云病疏。一言及姑恶，生命无须臾！——《郑板桥集·姑恶》

第二节　虚构的叙述文

虚构的事实叙述文有两种：（1）叙述纯出理想而事实上不可能的；（2）叙述一种虽属于理想而有实现的可能性的。

（一）凭借历史中一件事实而虚构以发挥作者理想的叙述文

如《列子》说：

黄帝即位十有五年，喜天下戴己，养正命，娱耳目，供鼻口，燋然肌色皯黣，昏然五情爽惑。又十有五年，忧天下之不治，竭聪明，进智力，营百姓，焦然肌色皯黣，昏然五情爽惑。黄帝乃喟然赞曰："朕之过淫矣。养一己其患如此，治万物其患如此。"于是放万机，舍宫寝，去直侍，彻钟悬，减厨膳，退而间居大庭之馆，斋心服形，三月不亲政事。昼寝而梦，游于华胥氏之国。华胥氏之国在弇州之西，台州之北，不知斯齐国几千万里；盖非舟车足力之所及，神游而已。其国无师长，自然而已。其民无嗜欲，自然而已。不知乐生，不知恶死，故无夭殇；不知亲己，不知疏物，故无爱憎；不知背逆，不知向顺，故无利害；都无所爱惜，都无所畏忌。入水不溺，入火不热。斫挞无伤痛，指摘无痟痒。乘空如履实，寝虚若处床。云雾不硋其视，雷霆不乱其听，美恶不滑其心，山谷不踬其步，神行而已。黄帝既寤，怡然自得，召天老、力牧、太山稽，告之曰："朕闲居三月，斋心服形，思有以养身治物之道，弗获其术。疲而睡，所梦若此。今知至道不可以情求矣。朕知之矣！朕得之矣！而不能以告若矣。"又二十有八年，天下大治，几若华胥氏之国，而帝登假。百姓号之，二百余年不辍。

其他如《西游记》和《镜花缘》中的君子国、女儿国、歧舌国，等等，小说皆是假借历史上一件人人都晓得的事实，而加之以想像的构造，去说明自己的理想的叙述文。

（二）不假借历史的事实，全凭理想构成的叙述文

我现在拿托尔斯泰的《国家》一篇作代表：

有童子三人相聚而谈。长曰费知亚，生已十年矣；次曰嘉舜，少费知亚一岁；又次者八岁，名曰玛沙，女子也。嘉舜曰："吾辈俄罗斯人也，必不许普鲁士人夺我辈之寸土片地。"费知亚曰："然凡此寸土片地，皆属之于我辈，盖此乃吾辈昔所侵夺者也。"玛沙忽起而问之曰："尔等所称吾辈，果何人耶？"费知亚曰："尔尚穉也，此非孺子所能知者。所谓'吾辈'，即吾国之祖国耳。"嘉舜申之，曰："人各有其国；或为此国人，或为彼国人，不相混也。"玛沙曰："然则余其为何国人耶？"费知亚曰："亦为吾辈，皆俄罗斯人也。"玛沙曰："设余不欲为俄罗斯人者，又将何如？"曰："尔既生于俄罗斯，则为俄罗斯人，尔纵不愿，亦欲何能？且人人皆有其君长……"语未已，嘉舜承之，曰："亦有其议院……"既而费知亚又继前言曰："且有军旅以护之。惟人人当出租税，以奉其上。"玛沙问之曰："胡以为此者？"费知亚笑曰："愚哉尔也！各人各爱其国耳。"曰："余实不知何为纷纷若是也！日吾辈游戏时，

辄以群集为乐，世人何独不若此耶？"曰："游戏时固以群集为乐，惟天下事则不然。"曰："余终不能明之。"嘉舜曰："他日尔长则能明之矣。"玛沙曰："然则余终不欲长也。"

其他若柏拉图的《理想国》、冰心女士的《超人》、朱执信先生的《超儿》、柳宗元的《郭橐驼传》，虽皆出于理想，然均有实现的可能性。

第二章　叙述文的作法

叙述文，照着前面所说的分成两类——（一）历史的叙述文，（二）虚构的叙述文，现在他的作法，也要分作两部分研究，（一）历史叙述文的作法，（二）虚构叙述文的作法。

第一节　历史叙述文的作法

历史叙述文的作法，就是：

（一）真实的事实

无论他是来自近史或名著，或是得自传说与轶闻，总要"信而有征"，换一句话说，就是要"真实"。有人说，那些戏曲、小说、诗歌，说了多少社会、国家的事情，把张三李四如何如何，写得活灵活现，好像著者亲眼看见似的，难道都是真的么？要晓得张三李四不过是人类社会中一个一个的分子的记号，书上所叙的张三李四，不必实如其名，但是忠实的作者，他所叙述的事实，一定是真确的。叶绍钧先生说：

> "……然吾却亦自定宗旨，不作言情体，不打诳语，虽不免装点附会，而要有其本事庶合于街谈巷议之伦。……"——顾颉刚《隔膜集序》

所谓"不打诳语""要有其本事"，就是叙述文要忠实的定论，就像我所引的许多例子，也有诗歌，也有小说，也有古人传记没有一处不是描写社会的背景，人心的隐秘和政治的黑暗绝不是各位作者凭空胡诌的。换句话说，历史叙述文中所叙的张三李四，可以是假的，而张三李四的言论行为，却不能不"有其本事"。譬如《红楼梦》上所说的林黛玉、贾宝玉、薛宝钗、袭人、贾母、刘姥姥等等，实未尝有其人，所谓大观园、荣国府、宁国府，也未必有其地，但是他开卷便说：

> 此开卷第一回也。作者自云：曾历过一番梦幻之后，而借"通灵"说此《石头记》一书也，故曰"甄

士隐"云云。……然闺阁中历历有人，万不可因我之不肖，自护己短，一并使其泯灭也。

又说：

我虽不学无文，又何妨用假语村言，敷衍出来，亦可使闺阁昭传，复可破一时之闷，醒同人之目，不亦宜乎？故曰"贾雨村"云云。

又说：

竟不如我半世亲见亲闻的这几个女子……期间离合悲欢，兴衰际遇，俱是按迹循踪，不敢稍加穿凿，至失其真……亦只实录其事，并无伤时淫秽之病，方从头至尾，抄写出来，问世传奇。

你看他一则曰"曾经过一番梦幻"，曰"甄士隐"，曰"闺阁中历历有人"；再则曰"又何妨用假语村言，敷衍出来"，曰"贾雨村"；三则曰"竟不如我半世亲见亲闻的这几个女子"，又曰"俱是按迹循踪，不敢稍加穿凿，至失其真"，又曰"亦只实录其事"：可见林、贾等虽无其人，大观园、荣宁二府虽无其地，然而其事确是真实的了。要真实的事实，必须有精确的观察。

（二）**精确的观察**

遇到一种事故，要想把他叙得真切，必须要先慎重的用一番精确的观察，把他的真象[1]——原因、现象、结果和影响————一搜索出来。章士钊先生说：

> 欲得是说，最宜将当今时局不安、人心惶惑之象，爬罗而剔抉之，如剥蕉然，剥至终层，将有见也。——《甲寅杂志·政本》

章先生本是论研究时局政象的方法，其实叙述文的第一步工夫，也只是把他的真象"爬罗而剔抉之，如剥蕉然，剥至终层，将有见也"。苏子瞻说：

> 少年为学，每一书作数次读。当如入海，百货皆有，人之精力不能兼收尽取，但得其所欲求者耳。故愿学者每次作一意求之，如欲求古今兴亡治乱圣贤作用，且只作此意求之，勿生余念。事迹、文物之类，又别一次求，他皆仿此。——见《与王郎书》

----

〔1〕 真象：今写作"真相"。此类后同。

这就是老聃用"用志不纷，乃凝于神"的意思。能"凝于神"，能于一事只"作一意求之"，自然可以得着精确的观察。

（三）笔记

我们对于一种事理欲有精确的观察，固然要像苏、章二氏所说的要"剥至终层"和"只作一意求之"，但一桩事理、一个问题、一种科学，绝非尽能于一日两日可以澈底了解的，所以必须把每天研究的心得记录起来，以免遗忘而备参证。Robert Louis Stevenson 说他行路的时候，身上总带着两本书：一本是预备读的，一本是预备写的。他遇见什么引起他的注意的事物，便把他记在那本簿子上。所记的固然有许多极简单仅备遗忘、事后觉得一点价值都没有的，然而若是须要[1]他的时候，却是一字千金。中国的清代汉学家多遵用此术，以成伟著。如俞樾的《群经平议》、王念孙的《读书杂志》、王引之的《经传释词》《经义述闻》，以及江永、戴震、顾亭林、孙诒让诸学者，莫不以日记为毕生精力所萃，而亭林先生尤异常重视，他说：

---

〔1〕 须要：今写作 "需要"。

愚自少读书，有所得辄记之；其有不合，时复改定，或古人先我而有者，则遂削之。——顾炎武《〈日知录〉自序》

可见笔记的关系重大。初记的时候，不必要有次序，随时记录。详略无定，少则一字两字，一句两句；多则数十百言，亦无不可。曾国藩一生的日记，裒然盈尺，他的事业、功名、道德、文章，都可于此中求之。胡适之先生在美国留学时，所做《藏晖室札记》，也是这种工夫。书中所记，颇足启发青年，而他自己读书做人的方法，也可"窥见一斑"。这是青年应当效法的——不但于研究真实的事理有益，也是练习叙述文的一个好法子。

（四）写信

书信本不止是叙事的，然而叙事却是书信中很重要的部分。学校的学生，或是商店的青年，可以多找机会把他们的见闻或身亲〔1〕阅历的事实写信报告他们的爸爸、妈妈，或兄弟姊妹，或同学或朋友，到〔2〕是练习叙述文的绝好方法。

---

〔1〕 身亲：即"亲身"。
〔2〕 到：通"倒"。此类后同。

（五）取舍

简单的事物，叙起来很容易；遇着头绪很复杂、历史很长久的事体，若是不把材料审查一番，定一个取舍：重要的留着；无大关系的删去，一定叙得麻烦讨厌，茫无头绪，所以有天才的作家常常叙一两件琐屑的事情，便可以代表一个国家、一个时代的生活和情感；或代表一个人的品格、性情、事业、学问。如，太史公作《管晏列传》只叙几条琐事而两人的人格、功业，都可从其中看出。又如，都德的《最后一课》只叙述一个小孩子上学的事实，便把法国人对于德国报仇雪耻的心理描写尽致。这便是经济的手段。

（六）统一

叙述一种故事，所抉择的材料，不但要有关系，且要直接或间接与作者的目的一致。古往今来的历史，好像一个杂货铺子，我们若是志在研究古今教育的变迁，把他叙述出来，便是教育史。里面所用的材料，当然是直接或间接与教育方面有关系的；其余的便不要了。若是志在研究社会学，把我们民族生活的变迁及为生活所起的运动叙述出，便是社会进化史。里面所搜集的材料，当然是直接或间接关于社会问题的。设如你是个文学家，把我们民族发表的思想和情感的文学的变迁叙述出来，便是文学史，所搜集的材料，当然是直接或间接关于文学思潮方面的。假使你叙述文学的变迁，忽然把关于社会学的材料，或教育学的材料掺杂在里面，便是违背统一的精神，便要失却本来对于这篇文字所希望的效力。我且拿胡适做的《吴敬梓传》做个例：

> 我们安徽的第一个大文豪，不是方苞，不是刘大櫆，也不是姚鼐，是全椒县的吴敬梓。
>
> 吴敬梓，字敏轩，一字文木。他生于清康熙四十年，死于乾隆十九年（西历一七〇一～一七五四）。他生在一个很阔的世家，家产很富；但是他瞧不起金钱，不久就成了一个贫士。后来他贫得不堪，甚至于几日不能得一饱。那时清廷开博学鸿词科，安徽巡抚赵国麟荐他应试，他不肯去。从此，"乡试也不应，科岁也不考，逍遥自在，做些自己的事"。后来死在扬州，年纪只有五十四岁。
>
> 他生平的著作有《文木山房诗集》七卷，文五卷（据金和《〈儒林外史〉跋》），《诗说》七卷（同），又《儒林外史》小说一部。（程晋芳《吴敬梓传》作五十卷，金跋作五十五卷，天目山樵评本五十六卷，齐省堂本六十卷。）据金和跋，他的诗文集和《诗说》都不曾付刻。只有《儒林外史》流传世间，为近世中国文学的一部杰作。
>
> 他的七卷诗，都失传了。王又曾（毂原）《丁辛老

屋集》里曾引他两句诗："如何父师训，专储制举材。"这两句诗的口气、见解，都和他的《儒林外史》是一致的。程晋芳《拜书亭稿》也引他两句："遥思二月秦淮柳，蘸露拖烟委曲尘。"——可以想见他的诗文集里定有许多很好的文字。只可惜那些著作都不传了，我们只能用《儒林外史》来作他的传的材料。

《儒林外史》这部书所以能不朽，全在他的见识高超、技术高明。这书的"楔子"一回，借王冕的口气，批评明朝科举用八股文的制度道："将来读书人既有此一条荣身之路，把那文行出处都看得轻了。"这是全书的宗旨。

书里的马二先生说：

> 举业二字是从古及今，人人必要做的。就如孔子生在春秋时候，那时用言扬行举做官；故孔子只讲得个"言寡尤，行寡悔，禄在其中"：这便是孔子的举业……到唐朝用诗赋取士，他们若讲孔孟的话，就没有官做了……到本朝用文章取士，就是夫子在而今也要念文章，做举业，断不讲那"言寡尤，行寡悔"的话。何也？就日日讲"言寡尤，行寡悔"，那个给你官做？孔子的道，也就不行了。

这一段话句句是恭维举业，其实句句是痛骂举业。末卷表文所说："夫萃天下之人才而限制于资格，则得之者少，失之者多”，正是这个道理。

国家天天挂着孔孟的招牌，其实不许人“说孔孟的话”，也不要人实行孔孟的教训，只要人念八股文，做试帖诗；其余的“文行出处”都可以不讲究，讲究了又“那个给你官做”？不给你官做，便是专制君主困死人才的唯一妙法。要想抵制这种恶毒的牢笼，只有一个法子：就是提倡一种新社会心理，叫人知道举业的丑态，知道官的丑态；叫人觉得“人”比“官”格外可贵，学问比八股文格外可贵，人格比富贵格外可贵。社会上养成了这种心理，就不怕皇帝“不给你官做”的毒手段了。

一部《儒林外史》的用意只是要想养成这种社会心理。看他写周进、范进那样热中的可怜，看他写严贡生、严监生那样贪吝的可鄙，看他写马纯上那样酸、匡超人那样辣。又看他反过来写一个做戏子的鲍文卿那样可敬，一个武夫萧云仙那样可爱。再看他写杜少卿、庄绍光、虞博士诸人的学问、人格那样高出八股功名之外。——这种见识，在二百年前，真是可惊可敬的了！

程晋芳做的《吴敬梓传》里说他生平最恨做时文的人；时文做得越好的人，他痛恨他们也越厉害。《儒林外史》痛骂八股文人，有几处是容易看得出的，不用我来指出。我单举两处平常人不大注意的地方：

第三回写范进的文章，周学台看了三遍之后才晓得"天地间之至文，真乃一字一珠"！

第四回写范进死了母亲，去寻汤知县打秋风，汤知县请他吃饭，用的是银镶杯箸，范举人因为居丧不肯举杯箸；汤知县换了磁杯象牙箸来，他还不肯用。"汤知县疑惑他居丧如此尽礼，倘或不用荤菜，却是不曾备办；后来看见他在燕窝碗里拣了一个大虾元送在嘴里，方才放心！"

这种绝好的文学技术，绝高的道德见解，岂是姚鼐、方苞一流人能梦见的啊？

最好的是写汤知县、范进、张静斋三人的谈话：

张静斋道："想起洪武年间刘老先生——"

汤知县道："那个刘老先生？"

静斋道："讳基的了。他是洪武三年开科的进士，'天下有道'三句中的第五名。"

范进插口道："想是第三名？"

静斋道："是第五名！那墨卷是弟读过的。后来入了翰林，洪武私行到他家，恰好江南张王送了他一坛小菜，当面打开看，都是些瓜子金，洪武圣上恼了，把刘老先生贬为青田县知县，又用毒药摆死了。"汤知县见他说的"口若悬河"，又是本朝确切的典故，不由得不信！

这一段话写两个举人和一个进士的"博雅，"写时文大家的学问，真可令人绝倒。这又岂是方苞、姚鼐一流人能梦见的吗？

　　这一篇短传里，我不能细评《儒林外史》全书了。这一部大书，用一个做裁缝的荆元做结束。这个裁缝每日做工有余下的工夫，就弹琴写字，也极欢喜做诗。朋友问他道："你既要做雅人，为什么还要做你这贱行？何不同学校里人相与相与？"他道："我也不是要做雅人。只为性情相近，故此时常学学。至于我们这个贱行，是祖父遗留下来的，难道读书识字做了裁缝就玷污了不成？况且那些学校里的朋友，他们另有一番见识，怎肯和我相与？我而今每日寻得六七分银子，吃饱了饭，要弹琴，要写字，诸事都由得我。我又不贪图人的富贵，又不伺候人的颜色；天不收，地不管，倒不快活！"

　　这是真自由，真平等——这是我们安徽的一个大文豪吴敬梓想要造成的社会心理。——亚东本《儒林外史》

　　你看他全篇抱定了"将来读书人既有此一条荣身之路，把那文行出处都看得轻了"和"我又不贪图人的富贵，又不伺候人的颜色；天不收，地不管，倒不快活"这两个主要思想——其实是一个主要的思想的两方面——能在一部《儒林外史》取了那些适当的材料处处皆倾向这个主要思想，没有一处是和他违背或冲突的。

（七）联络

叙述文的联络，应注意：（1）时间。（2）空间，待我分别说来：

（1）时间　叙述一件事，长久的，则以年或月或朝代为时间的顺序；短期的，则以日或时为时间的顺序；遇有不限定期，则以"初""始""继而""终则"等等表示时序，作时间的线索。我且举几个例子如下：

> ……王伦道："既然如此，你若真心入伙，把一个'投名状'来。"林冲便道："小人颇识几字，乞纸笔来便写。"朱贵笑道："教头，你错了。但凡好汉们入伙，须要纳'投名状'，是教你下山去杀得一个人，将头献纳，他便无疑心。这个便谓之'投名状。'"林冲道："这事也不难，林冲便下山去等；只怕没人过。"王伦道："与你三日限，若三日内有'投名状'来，便容你入伙；若三日内没时，只得休怪。"林冲应承了。当夜席散，朱贵相别下山，自去守店。林冲到晚，取了刀杖、行李，小喽罗引去客房内歇了一夜。

次日早起来，吃些茶饭，带了腰刀，提了衮刀，叫一个小喽罗领路下山，把船渡过去，僻静小路上等候客人过往。从朝至暮，等了一日，并无一个孤单客人经过。林冲闷闷不已，和小喽罗再渡过来。回到山寨中，王伦问道："'投名状'何在？"林冲答道："今日并无一个过往，以此不曾取得。"王伦道："你明日若无'投名状'时，也难在这里了。"林冲再不敢答应，心内自己不乐。来到房中，讨些饭吃了，又歇了一夜。

　　次日清早起来，和小喽罗吃了早饭，拿了衮刀，又下山来。小喽罗道："俺们今日投南山路去等。"两个过渡，来到林子里等候，并不见一个客人过往。伏到午牌时候，一伙客人，约有三百余人，结踪而过，林冲又不敢动手，看他过去。又等了一歇，看看天色晚来，又不见一个客人过。林冲对小喽罗道："我怎地晦气！等了两日，不见一个孤单客人过往，如何是好？"小喽罗道："哥哥且宽心。明日还有一日限，我和哥哥去东山路上等候。"当晚依旧渡回。王伦说道："今日'投名状'如何？"林冲不敢答应，只叹了一口气。王伦笑道："想是今日又没了？我说与你三日限，今已两日了。若明日再无，不必相见了，便请那步下山，投别处去。"林冲回到房中，端的是心内好闷，仰天长叹道："不想我今日被高俅那贼陷害，流落到此，天地也不容我，直如此命蹇时乖！"

　　过了一夜，次日，天明起来，讨些饭食吃了，打拴了那包裹撇在房中，跨了腰刀，提了衮刀，又和小喽罗下山过渡，投东山路上来。林冲道："我今日若还取不得'投名状'时，只得去别处安身立命！"两个来到山下东路林子里，潜伏等候。看看日头中了，又没一个人来。时遇残雪初晴，日色明朗，林冲提着衮刀，对小喽罗道："眼见得又不济事了！不如趁早，天色未晚，取了行李，只得往别处去寻个所在！"小校用手指道："好了！兀的不是一个人来？"林冲看时，叫声"惭愧"。只见那个人远远在山坡下，望见行来。待他来得较近，林冲把衮刀杆蓦了一下，蓦地跳将出来。那汉子见了林冲，叫声："阿也！"撇了担子，转身便走。林冲赶将去，那里赶得上？那汉子闪过山坡去了。林冲道："你看我命苦么？来了三日，甫能等得一个人来，又吃他走了！"小校道："虽然不杀得人，这一担财帛可以抵当。"林冲道："你先挑了上山去，我再等一等。"小喽罗先把担儿挑出林去，只见山坡下转出一个大汉来。林冲见了，说道："天赐其便！"——《水浒》

　　上边可以说一篇叙述林冲取"投名状"，末了三段连用三个"次日"做它的联络。又如：

方山子，光、黄间隐人也。少时慕朱家、郭解为人，闾里之侠皆宗之。稍壮，折节读书，欲以此驰骋当世，然终不遇。晚乃遁于光、黄间，曰岐亭，庵居蔬食，不与世相闻。弃车马，毁冠服，徒步往来，山中人莫识也。见其所著帽，方耸而高，曰："此岂古方山冠之遗像乎？"因谓之方山子。

　　余谪居于黄，过岐亭，适见焉。曰："呜呼！此吾故人陈慥季常也！何为而在此？"方山子亦矍然问余所以至此者。余告之故，俯而不答，仰而笑，呼余宿其家。环堵萧然，而妻子奴婢，皆有自得之意。余既耸然异之。独念方山子少时使酒好剑，用财如粪土。前十有九年，余在岐山，见方山子从两骑，挟二矢，游西山。鹊起于前，使骑逐而射之，不获。方山子怒马独出，一发得之。因与余马上论用兵及古今成败，自谓一时豪士。今几日耳！精悍之色，犹见于眉间，而岂山中之人哉！

　　然方山子世有勋阀，当得官，使从事于其间，今已显闻。而其家在洛阳，园宅壮丽，与公侯等。河北有田，岁得帛千匹，亦足以富乐。皆弃不取，独来穷山中，此岂无得而然哉？

　　余闻光、黄间多异人，往往佯狂垢污，不可得而

见，方山子傥见之欤！——苏轼《方山子传》

这篇文章第一段的"少时""稍壮"和"晚"是叙述方山子生平的联络的线索；第二段中的"少时""前十有九年"和"今几日耳"是详述方山子生平豪侠之气的线索；第三段中的"今"字也是推论方山子的人品性格的线索。又如：

> 昔在颛顼，命南正重以司天，北正黎以司地。唐虞之际，绍重黎之后，使复典之，至于夏商，故重黎氏世序天地。其在周，程伯休甫其后也。当周宣王时，失其守而为司马氏。司马氏世典周史。惠襄之间，司马氏去周适晋。晋中军随会奔秦，而司马氏入少梁。——《史记·太史公自序》

这一段文中，以"昔在颛顼""唐虞之际""至于夏商""其在周""当周宣王时"和"惠襄之间"等等，做联络的线索。

叙述文的"时间"是最重要的问题。上边所举，皆是显而易见的。就是不用那些表示时间的字，要其精神，也不能脱离时间的关系。

（2）空间　这是拿事实发生或演成的地方做联络的线索的。如：

晋公子重耳之及于难也，晋人伐诸蒲城。蒲城人欲战，重耳不可，曰："保君父之命，而享其生禄，于是乎得人。有人而校，罪莫大焉。吾其奔也！"遂奔狄。从者，狐偃、赵衰、颠颉、魏武子、司空季子。狄人伐廧咎如，获其二女叔隗、季隗，纳诸公子。公子取季隗，生伯儵、叔刘；以叔隗妻赵衰，生盾。将适齐，谓季隗曰："待我二十五年，不来而后嫁。"对曰："我二十五年矣，又如是而嫁，则就木焉，请待子！"处狄十二年而行。

过卫，卫文公不礼焉。出于五鹿，乞食于野人，野人与之块。公子怒，欲鞭之。子犯曰："天赐也。"稽首，受而载之。

及齐，齐桓公妻之，有马二十乘，公子安之。从者以为不可，将行，谋于桑下。蚕妾在其上，以告姜氏。姜氏杀之，而谓公子曰："子有四方之志，其闻之者，吾杀之矣。"公子曰："无之。"姜曰："行也！怀与安，实败名！"公子不可。姜与子犯谋，醉而遣之。醒，以戈逐子犯。

及曹，曹共公闻其骈胁，欲观其裸。浴，薄而观之。僖负羁之妻曰："吾观晋公子之从者，皆足以相国。若以相，夫子必反其国；反其国，必得志于诸侯；得志于诸侯，而诛无礼，曹其首也。子盍蚤自贰焉。"乃馈盘飧，置璧焉。公子受飧反璧。

及宋，宋襄公赠之以马二十乘。

及郑，郑文公亦不礼焉。叔詹谏曰："臣闻天之所启，人弗及也。晋公子有三焉，天其或者将建诸，君其礼焉。男女同姓，其生不蕃。晋公子，姬出也，而至于今，一也；离外之患，而天不靖晋国，殆将启之，二也；有三士，足以上人，而从之，三也。晋、郑同侪，其过子弟，固将礼焉，况天之所启乎？"弗听。

及楚，楚子飧之，曰："公子若反晋国，则何以报不谷？"对曰："子女玉帛，则君有之；羽毛齿革，则君地生焉。其波及晋国者，君之余也。其何以报君？"曰："虽然，何以报我？"对曰："若以君之灵，得反晋国，晋、楚治兵，遇于中原，其辟君三舍；若不获命，其左执鞭弭，右属橐鞬，以与君周旋。"子玉请杀之。楚子曰："晋公子广而俭，文而有礼；其从者肃而宽，忠而能力。晋侯无亲，外内恶之。吾闻姬姓，唐叔之后，其后衰者也，其将由晋公子乎？天将兴之，谁能废之。违天必有大咎。"乃送诸秦。

秦伯纳女五人，怀嬴与焉，奉匜沃盥。既而挥之，怒曰："秦、晋，匹也，何以卑我！"公子惧，降服而囚。他日，公享之。子犯曰："吾不如衰之文也，请使衰从。"公子赋《河水》，公赋《六月》。赵衰曰："重耳拜赐!"公子降，拜，稽首。公降一级而辞焉。衰曰："君称所以佐天子者命重耳，重耳敢不拜!"——《左传·僖公二十三年》

上篇以"奔狄""遇卫""及齐""及曹""及宋""及郑""及楚"及"乃送诸秦"的狄、卫、齐、曹、宋、郑、楚、秦诸国为联合的线索，而重耳出亡十九年之历史历历如在目前，可当一篇《出亡记》读。又如：

那知府勒住马，只等报来。只见法场东边一伙弄蛇的丐者，强要挨入法场里看，众士兵赶打不退。正相闹间，只见法场西边一伙使枪棒卖药的，也强挨将入来。士兵喝道："你那伙人，好不晓事! 这是那里? 强挨入来要看!"那伙使枪棒的说道："你倒鸟村! 我们冲州撞府，那里不曾去? 到处看出人! 便是京都天子杀人，也放人看! 你这小去处，砍得两个人，闹动了世界，我们便挨入来看一看，打甚么鸟紧!"正和士兵闹将起来，监斩官喝道："且赶退去，休放过来。"闹犹未了，只见法场南边一伙挑担的脚夫，又要挨将入来。士兵喝道："这里出人，你挑那里去?"那伙人说道："我们挑东西送与知府相公去的，你们如何敢阻当我?"士兵道："便是相公衙里人，也只得去别处过一过。"那伙人就歇了担子，都掣了匾担，立在人丛里看。只见法场北边一伙客商推两辆车子过来，定要挨入法场上来。士兵喝道："你那伙人那里去？"客人应道："我们要赶路程，可放我等过去。"士兵道："这里出人，如何肯放你？你要赶路程，从别路过去。"那伙客人笑道："你倒说的好！俺们便是京师来的人，不认得你这里鸟路，只是从这大路走。"士兵那里肯放？那伙客人齐齐地挨定了不动，四下里吵闹不住。这蔡九知府，也禁治不得；又见这伙客人，都盘在车子上，立定了看。

没多时，法场中间人分开处，一个报，报道一声："午时三刻！"监斩官便道："斩讫报来！"两势下刀棒刽子，便去开枷；行刑之人，执定法刀在手。说时迟——那伙客人在车子上，听得"斩"字，数内一个客人，便向怀中取出一面小锣儿，立在车子上，当当地敲得两三声，四下里一齐动手——那时快，却见十字路口茶坊楼上，一个虎形黑大汉，脱得赤条条的，两只手握两把板斧，大吼一声，却似半天起个霹雳，从半空中跳将下来，手起斧落，早砍翻了两个行刑的刽子，便望监斩官马前砍将来。众士兵急待把枪去搠时，那里拦当得住！众人且簇拥蔡九知府逃命去了。

只见东边那伙弄蛇的丐者，身边都掣出尖刀，看着士兵便杀；西边那伙使枪棒的，大发喊声，只顾乱杀将来，一派杀倒士兵狱卒；南边那伙挑担的脚夫，轮起匾担，横七竖八，都打翻了士兵和那看的人；北边那伙客人，都跳下车来，推过车子，拦住了人，两个客商钻将入来，一个背了宋江，一个背了戴宗；其余的人，也有取出弓箭来射的，也有取出石子来打的，也有取出标枪来标的……——《水浒》第三十九回

上边这三段文字是叙述《梁山伯好汉劫法场》，你看他用了"法场东边""法场西边""法场南边""法场北边""车子上""十字路口茶坊楼上"和那"东边""西边""南边""北边"等等表示地方的字眼儿做联合的线索，一方面把劫法场的一班英雄的部勒谨严、众志成城、勇气百倍的情形叙得须眉毕现，一方面把这一个法场叙得人马践踏、各自逃命、鸟惊兽散、落花流水的样子，实在可与垓下之战一段文字同一千古！

（3）事理　把我们所要叙述的事理，分出门类、按部就班的把他叙述出来。如：

汉兴：言《易》，自淄川田生；言《书》，自济南伏生；言《诗》，于鲁则申培公，于齐则辕固生，燕则韩太传；言《礼》，则鲁高堂生；言《春秋》，于齐则

胡毋生，于赵则董仲舒。——《汉书·儒林传》

又如：

汉之得人，于兹为盛：儒雅则公孙弘、董仲舒、兒宽；笃行则石建、石庆；质直则汲黯、卜式；推贤则韩安国、郑当时；定令则赵禹、张汤；文章则司马迁、相如；滑稽则东方朔、枚皋；应对则严助、朱买臣；历数则唐都、洛下闳；协律则李延年；运筹则桑弘羊；奉使则张骞、苏武；将率则卫青、霍去病；受遗则霍光、金日磾，其余不可胜纪。是以与造功业，制度遗文，后世莫及。孝宣承统，纂修洪业，亦讲论六艺，招选茂异，而萧望之、梁丘贺、夏侯胜、韦玄成、严彭祖、尹更始以儒术进；刘向、王褒以文章显；将相则张安世、赵充国、魏相、丙吉、于定国、杜延年；治民则黄霸、王成、龚遂、郑弘、召（读曰邵）信臣、韩延寿、尹翁归、赵广汉、严延年、张敞之属，皆有功迹见述于世。参其名臣，亦其次也。——《汉书·公孙弘、卜式、兒宽传·班固赞》

所谓"儒雅""笃行""质直""推贤""定令""文章"
"滑稽""应对""历数""协律""运筹""奉使""将率"

"受遗"等，又如"儒术""文章""将相""治民"等名词，皆是叙述诸人用以作联络的目次的，吾无以名之，名之曰事理的线索。但是这种的句子皆是平列的，他们可先可后，把原文两段中的各句颠倒一下，不见得就失了联络的精神；即照原文，也不见得就增加联络的精神，因为他们没有先后轻重的关系。若如下文，便不然了：

……肃乃引孔明至幕下，早见张昭、顾雍等一班文武二十余人，峨冠博带，整衣端坐。孔明逐一相见，各问姓名，施礼已毕，坐于客位。

张昭等见孔明丰神飘洒，器宇轩昂，料道此人必来游说。张昭以言挑之曰："昭乃江东微末之士，久闻先生高卧隆中，自比管、乐，此语果有之乎？"孔明曰："此亮平生小可之比也。"昭曰："近闻刘豫州三顾先生于草庐之中，幸得先生，以为如鱼得水，思欲席卷荆襄。今一旦以属曹操，未审是何主见？"

孔明自思张昭乃孙权手下第一个谋士，若不先难倒他，如何说得孙权？遂答曰："吾观取汉之地，易如反掌。我主刘豫州躬行仁义，不忍夺同宗之基业，故力辞之。刘琮孺子，听信佞言，暗自投降，致使曹操得以猖獗。今我主屯兵江夏，别有良图，非等闲可知也。"

昭曰："若此，是先生言行相违也。先生自比管、乐，管仲相桓公，霸诸侯，一匡天下；乐毅扶持微弱之燕，下齐七十余城：此二人者，真济世之才也。先生在草庐之中，但笑傲风月，抱膝危坐；今既从事刘豫州，当为生灵兴利除害，剿灭乱贼。且刘豫州未得先生之时，尚且纵横寰宇，割据城池；今得先生，人皆仰望，虽三尺童蒙，亦谓彪虎生翼，将见汉室复兴，曹氏即灭矣。朝廷旧臣，山林隐士，无不拭目而待，以为拂高天之云翳，仰日月之光辉，拯民于水火之中，措天下于衽席之上，在此时也。何先生自归豫州，曹兵一出，弃甲抛戈，望风而窜；上不能报刘表以安庶民，下不能辅孤子而据疆土，乃弃新野，走樊城，败当阳，奔夏口，无容身之地。是豫州既得先生之后，反不如其初也。管仲、乐毅，果如是乎？愚直之言，幸勿见怪！"

孔明听罢，哑然而笑曰："鹏飞万里，其志岂群鸟能识哉？譬如人染沉疴，当先用糜粥以饮之，和药以服之；待其腑脏调和，形体渐安，然后用肉食以补之，猛药以治之，则病根尽去，人得全生也。若不待气脉和缓，便投以猛药厚味，欲求安保，诚为难矣。吾主刘豫州，向日军败于汝南，寄迹刘表，兵不满千，将止关、张、赵云而已；此正如病势尪羸已极之时也。新野山僻小县，人民稀少，粮食鲜薄，豫州不过暂借以容身，岂真将坐守于此耶？夫以甲兵不完，城郭不固，军不经练，粮不继日，然而博望烧屯，白河用水，使夏侯惇、曹仁辈心惊胆裂：窃谓管仲、乐毅之用兵，未必过此。至于刘琮降操，豫州实出不知。且又不忍乘乱夺同宗之基业，此真大仁大义也。当阳之败，豫州见有数十万赴义之民，扶老携幼相随，不忍弃之，日行十里，不思进取江陵，甘与同败，此亦大仁大义也。寡不敌众，胜负乃其常事。昔高皇数败于项羽，而垓下一战成功，此非韩信之良谋乎？夫信久事高皇，未尝累胜。盖国家大计，社稷安危，是有主谋，非比夸辩之徒，虚誉欺人，坐议立谈，无人可及，临机应变，百无一能，诚为天下笑耳！"这一篇言语，说得张昭并无一言回答。——《三国演义》

这是孔明《舌战群儒》的第一节，叙述他和张昭辩论的言语，便就不能像前边所引《汉书》那样平列的句子可以任意颠倒，无碍联络，作者便要按着他的自然的顺序叙述出来，才可保持联络的精神。无论那一件事理，总有他自然的顺序，要在作者细心去寻；寻出他的线索，自然可以"有条不紊""头头是道"。

（八）重点

叙述文的重点，就是把有关系的事实，加倍叙述；没有关系的，一笔便轻轻写过，不再赘叙。一方面可以引起人的注意；一方面可以省却读者多少脑力，并且可以把减少兴趣的文字极力沙汰，约分两种：

（1）重点与详情——就是把事实的重要部分详细地叙述。但是重要的观察，因人不同，一桩事情，你看见这一部分重要，我看见那一部分重要，这也有一个说法：有时明明详叙这一面而略其那一面，有时详叙其轶闻琐事，而略其远者大者，即如司马迁作《管晏列传》叙管子则略其九合诸侯"一匡天下的大事业，而详述其与鲍叔交游故事；叙晏子则略其身相齐国、名显诸侯的大节，而详述其以越石父为上客和荐其御为大夫的故事。又如，《儒林外史》叙述萧云仙如何救老和尚的性命，如何征伐生番，如何在青枫城生聚教训，如何爱民，如何淡于名利、轻视货财，说得淋漓尽致，大约有六七千字，而叙述当时政府薄待功臣，不识藏否的情形，只了了一百余字，如下：

萧采承办青枫城城工一案，该抚提销本内：砖、灰、工匠，共开销银一万九千三百六十两一钱二分一厘五毫。查该地水草附近，烧造砖灰甚便：新集流民，充当工役者甚多，不便听其任意浮开。应请核减银七千五百二十五两有零，在于该员名下着追。查该员系四川成都府人，应行文该地方官勒限严比归款可也。奉旨依议。

只此百余字，与前边所叙萧云仙的人品事功对照，则当时政治黑暗，一般宵小妨贤妒功的情形，已不言而喻。

（2）重点与位置。重点的位置，前面已经讲过，是在前面或后面。但是长篇的历史的叙述文，或大部的历史，不尽如此。譬如胡适的《许怡荪传》和《李超传》是顺着他们的思想的路程和经历的阶段叙述下去，重要的地方绝不止在篇首、篇末两个地方，然而我们读了：

（1）我的朋友许怡荪死了！他死的时候，是中华民国八年三月二十二夜七点半钟。死的前十几天，他看见报纸上说我几个朋友因为新旧思潮的事被政府驱逐出北京大学。他不知那是谣言，一日里写了两封快信给我，劝我们"切不必因此灰心，也不必因此愤慨"（三月五日信）。他又说："无论如何，总望不必愤慨，仍以冷静的态度处之……所谓经一回的失败，长一回的见识。"（三月五日第二信）——《许怡荪传》首段前半节

（2）我们研究他的一生，至少可以引起这些问题：

（a）家长族长的专制……

（b）女子教育问题……

（c）女子承袭财产的权利……

（d）有女不为有后的问题……（节录《李超传》
为末一段）

由前边一段，至少可以知道许怡荪是个"最富于血性"
"诚恳""忠厚"的社会革命家；由后边一段，更可以明了
李超致死之因与此事关系的种种社会问题。所以历史叙述文
的末段比首段更重要。太史公做《史记》，末了把他的自序
揭出，于是一腔心事才得大明；而吴敬梓的《儒林外史》以
叙述一个会写字的季遐年，一个卖火纸筒子的王太，一个开
茶馆的盖宽和一个做裁缝的荆元结束，实是作者最后提出他
做书的宗旨和理想的社会人格。俗语"画龙点睛"，就是这
个意思。

（九）兴趣

叙述文的作法，大概说完了，只是还有一件要注意的，
就是兴趣。商业中往来的信件，衙署中往来的公牍，法庭中
的记录、报告、判决录，律师的控诉状，和航行日记等等，
当然用不着兴趣，只要朴实说理，简单明了就得了；其余各
种叙述文却不然。没有兴趣，一定引不起读者注意的，但是
兴趣究是何种意义？依我的见解，兴趣的要素有两个：一个
是所取的材料，皆能与读者以切己的兴奋；一个是要带着一
点人生的艺术的倾向，能用这材料叙出人生的真义，抉出人

心的隐微，道破社会的黑幕，指道或暗示光明的趋向。若果
两个要素具备，一定可以引起读者的注意。如胡适的《吴敬
梓传》，《三国演义》中孔明《舌战群儒》，《水浒》中的
《梁山泊好汉劫法场》，各段文字那个不是带着一股活气？那
个不是深入人心？人家读了，自然"不忍释手"！

第二节　虚构叙述文的作法

虚构叙述文有两个前提：

（一）可能

虚构叙述文，虽不能如历史叙述文必须以真实的事实为
重要的构造条件，然也必须以"有见诸事实的可能性"为构
成的条件。不过，这个"可能"的意义，并非真像那常闻习
见的事实的可能性，不过相传已久，普通心理上皆有这种事
物的观念罢了。譬如古人所谓云龙风虎抟摇而上天，海运则
将徙于南溟的鹍鹏，皆不过把人人晓得的伟大的动物格外夸
大的结果；至于所谓"仙女临凡""诸神下界""千手千眼
的观世音""三头六臂的杨二郎""一筋斗十万八千里的孙
悟空"，也不过极力地把人类中的杰出的人物格外夸大的结
果。也是社会或群众的心理中预先承认有种人如龙如鹍，如
孙悟空、观世音这样的人物，或有存在的可能，然后龙和鹍

的威力，观世音、孙悟空的神通才有凭空虚构的可能。就是虚构的叙述文，其中大部分的动作行为还是和我们人类的习惯和周身以外的闻习遇合，有关系的。自然，我们要是作神怪小说的时候，可以自由用我们的想像、理想，不过也要留心我们所做的小说的环境、事实，使它们彼此可以调协，不致冲突——这是叫做"不可能中的可能"。

至于虚构叙述文中人物，虽然全出于理想，然而各有各的特性，也同人间的生物一样，所以我们叙述文中某一个人或物，都要"设身处地"，把各个的特性叙说出来，像《西游记》的孙悟空、猪悟能、沙悟净，各有各的个性，孙猴子的一言一动，绝不同猪八戒一样；沙僧的一言一动，又不同孙猴子、猪八戒一样。至于太上老君绝不像西天佛祖、观世音菩萨绝不像唐三藏——这叫做"性格的可能"。

(二) 兴趣

虚构叙述文大致分为两种：一种是荒诞的小说，一种是传奇的小说。前者发生的早，是神话时代，神秘思想的产物；后者发生的较迟，亦不外崇拜伟大人或物，或英雄、神女的思想的产物。然要皆以使读者感发兴起为目的，所以兴趣也是一个重要的条件。我们做文字不但这个问题和搜集的材料要有兴趣，我们配合材料，组织篇幅，也要能以增加兴趣才是。不然，问题和材料，虽有兴趣，而配合不妙，组织不好，则兴趣必为之大减，譬如我们买了许多的山珍海味、羊羔、鲜鱼，若是烹调不得法，便失了它们的美味；倒不如善于烹调的一碗豆腐汤，一碗蔬菜。那末，要想文字有兴趣，必要有一种计画，这一种计画的普通条件如下：

（a）要把本文的事实，所发生的地方和必须，预先叙述；在这种事实之下，才能使读者十分了解的行动，就是第一段文字，叫做引言（Introduotion）。

（b）进一步，就要渐渐地或快快地加紧叙述的力量，使读者发生兴趣——就是行为的进程（Development of action）。

（c）第三步便要把事实中极有兴趣的部分叙述出来，但是这也是听其自然而然的，由行为的进程到了这一步的——这叫做"行为的极点"（The climax，or the most part of the action）。

（d）第四步要把这兴趣的极点发生的理由（The consequeaces of climax）叙出，由这种理由，然后便到了——

（e）第五步的结论。至此，我们对于全篇的局势，才算完全的了解，种种的问题，才可因之解决，或因之发生；古人所谓"曲终奏雅""余音绕梁"，就是这种境地。

我现在且引一个短篇的故事做个例子，并用上边的组织的方法把他分析出来。

太行、王屋二山，方七百里，高万仞，本在冀州之南、河阳之北。

北山愚公者，年且九十，面山而居。惩山北之塞，出入之迂也，聚室而谋曰："吾与汝毕力平险，指通豫南，达于汉阴，可乎？"杂然相许。其妻献疑曰："以君之力，曾不能损魁父之丘，如太行、王屋何？且焉置土石？"杂曰："投诸渤海之尾，隐土之北。"

遂率子孙荷担者三夫，叩石垦壤，箕畚运于渤海之尾。邻人京城氏之孀妻有遗男，始龀，跳往助之。寒暑易节，始一反焉。

河曲智叟笑而止之曰："甚矣，汝之不惠！以残年余力，曾不能毁山之一毛，其如土石何？"北山愚公长息曰："汝心之固，固不可彻，曾不若孀妻弱子。虽我之死，有子存焉；子又生孙，孙又生子；子又有子，子又有孙；子子孙孙无穷匮也，而山不加增，何苦而不平？"河曲智叟亡以应。

操蛇之神闻之，惧其不已也，告之于帝。帝感其诚，命夸娥氏二子负二山，一厝朔东，一厝雍南。自

此，冀之南，汉之阴，无陇断焉。——《列子·汤问篇》

分析如下：

（1）"太行、王屋二山……隐士之北"一句是本篇事实发生的地方和必须预先叙述的事实的行动，就是"引言"。

（2）"遂率子孙荷担者三夫……始一反焉"是把愚公移山的计画实行的历程渐渐叙出，使读者增加兴趣，就是"行为的进程"。

（3）"河曲智叟……何苦而不平？"又进一步，文字愈益生动，读者至此，一定急于要晓得愚公如何回答，便是"行为的极点"。

（4）"河曲智叟亡以应"一句是断定行为发生到极点的理由。（The cons quences of Climax）

（5）"操蛇之神……无陇断焉"是煞尾或结论（Saluticn or Conclnsion）。

寥寥短篇，竟借着愚公及孀妻、弱子，把至死不变、不知老之将至与猛勇精进的精神，曲曲传出，这是虚构的叙述文的好模范！

至于"统一""联络"和"重点"的位置，大致和历史的叙述文相同，所以一概从略。

历史叙述文与虚构叙述文的长短。历史叙述文，可以引起青年研究历史，注意社会问题，留心周身以外之事物的习惯，虚构叙述文可以引起青年的自由思想，鼓铸他们创造的精神——这是他们的长处。然而若偏重于历史叙述文，则为事实所拘，不免囿于迹象，适足灭杀青年创造的精神；若偏重于虚构叙述文，则落入空想，又不免与现实社会和人生需要隔离——这是他们的短处。然而照我们现在的社会情形和青年的需要说呢，似宜多作历史的叙述文为是。

第三章　描写文

第一节　描写文的目的及分类

我们假使是个建筑师，遇见了一座巍峨宏壮的建筑物，一定要把他的高度、长度、宽度、楼几层、屋几间、砖石约若干，栋梁约几何、人工几何、需日若干、建筑费共若干、可保险几何年，一一的测度和记述出来；我们若是个植物学者，采了一枝花木，便要研究他是单叶植物，是双叶植物，或是显花植物，是隐花植物；若是动物学者，捕获一个动物，便要研究他：是陆栖类，是水栖类，还是两栖类？是羽族，是毛族，是鳞族，还是介族？笔之于书，各从其类，不容或乱。——这种文字叫做描写文或状物文。

假使我们遇着一个高大建筑的气象雄阔，见了花容月貌，或是听了鸟鸣鹊唱、龙吟虎啸，看了兽突豕奔，凤舞鸾交，兴起种种情感，发生种种兴趣，我们把他们给我们兴起情感发生兴趣的印象，记述出来——这种文字，也叫做描写文或状物文。

那末，描写文的类别，若照上面说的，便可分为两大类别：（一）科学的，或分析的；（二）艺术的，或暗示的。

（一）科学描写文

所有各科教科书，关于科学的论文，或是工作图的注解，商品的说明书，皆是的。这类文字，第一要详细，第二要完整。凡是要求完整详细的意思多，要求艺术或美感的意思少的描写文，皆可归入此类。

（二）艺术描写文

包括着所有在虚构的和历史的叙述文的里面的描写文，除去地志，如记载战地的，或描写物事的诗歌以及凡是要求艺术的，或比兴的意思多，而要求科学的，或分析的意思少的描写文，皆是此类。

第二节　科学的描写文

我们要晓得科学的描写文怎么做法，须先晓得科学是什么东西。科学，简单的说就是求知、求诚、求真实的方法。

科学的态度，就是：无论对于那种事理，都要问它为什么这样，为什么那样，他们的共通之点在那里，他们的相异之点在那里，务必达到"以类聚""以群分"的目的。我且引几节关于科学的描写文在下面，作研究的标准：

（1）显花植物之特性。显花植物，率生种子，子内藏有原始幼植物，谓之曰胚，如第九图是。胚得适当之滋润，发生为萌芽。发芽时，以需种种养分，如淀粉油，暨含窒素物质，故特预储于种子之内。某种种子，例如牵牛子，营养物质，在胚周围，其色白，其状若粉，是曰胚乳。胚乳即由淀粉油暨含窒素物质所成者也，而称合胚乳之种子曰有胚乳种子。豆科植物暨楮（橡实之类）之实，概缺胚乳，所需之营养物质，蕴于胚之一部，即子叶之内，故称是类曰无胚乳种子。子叶者，种子萌发之际，始显出之叶也，如牵牛子、如豆、如楮、如蔷薇、芍药，暨此外数多植物。子叶有二，如稻、如麦、如百合、如射干、如兰，子叶仅一，故得大别显花植物为单子叶植物与双子叶植物之二类。——黄以仁编译的《植物学讲议》页二三。

（2）游水类动物，似鱼形之兽也。全体无毛，皮下有脂肪形如鳍，无后肢，有横阔之尾鳍，与水面平行。眼极小，无耳轮。其鼻孔为喷水孔，通于头顶，此类多栖于海中，有肺以通呼吸，故时时浮出水面，动物中之最大者也。例：

（a）抹香鲸——长约九丈，时出于海面，面上颚有鲸须，此须可为工业上之用品。

（b）抹香鲸——头极大，齿唯下颚有之。长约七八丈，生一种油料，曰鲸脑油；其肉可资食用。

（c）海豚——头部甚长，上下颚有圆锥形之小齿，多群集而泳于海中。

（d）儒艮——亦海兽也。产于沿海，长约一丈，以海草为食。——杜亚泉编《动物学教科书》

（3）梓人为笋虡，天下之大兽五：脂者、膏者、裸者、羽者、鳞者。宗庙之事，脂者、膏者以为牲，裸者、羽者、鳞者以为笋虡。外骨内骨，却行、仄行、连行、纡行。以脰鸣者，以注鸣者，以旁鸣者，以翼鸣者，以股鸣者，以胸鸣者，谓之小虫之属，以为雕琢。厚唇弇口，出目短耳，大胸燿后，大体短脰，若是者谓之裸属。恒有力而不能走，其声大而宏。有力而不能走，则于任重宜；声大而宏，则于钟宜。若是者以为钟虡，是故击其所县而由其虡鸣。锐喙决吻，数目顾脰，小体骞腹，若是者谓之羽属。恒无力而轻，其声清阳而远闻。无力而轻，则于任轻宜；其声清阳而远闻，则于磬宜。若是者以为磬虡，故击其所县而由其虡鸣。小首而长，抟身而鸿，若是者谓之鳞属，以为笋。凡攫閷（同杀）援簭（同噬）之类，必深其爪，出其目，作其鳞之而。深其爪，出其目，作其鳞之而，则于视必拨尔而怒。苟拨尔而怒，则于任重宜，且其匪（同斐）色必似鸣矣。爪不深，目不出，鳞之而不作，则必颓尔如委矣。苟颓尔如委，则加任焉，则必如将废措，其匪色必似不鸣矣。——《周官考工记》

第三节　科学描写文的两大要素

科学描写文的两大要素是：（一）精细与完整；（二）兴趣。

（一）精细与完整

真实是历史叙述文的要素，而精细与完整，便是分析的或科学的描写文的重要的质素了。怎样叫做精细呢？就是要把要描写的物事的本质描写的精细无遗。怎样叫做完整呢？就是要把要描写的物事的本质，作有系统的描写，使人一见，便如"掌上观纹""按图索骥"。这是要留心科学的分类法。描写出来的物事，可以照着绘图，可以照着列表，使学者格外易于明了，并使他知道所描写的属于那一类、那一种，所以寻源溯委，应有尽有。——这便是精细与完整的功用。

（二）兴趣

科学描写文要素是要精细完整；目的是求知、诚、真实，那么兴趣是不甚重要的事情了。这也不然：因为人类是知欲的和情感的动物，所谓知欲就是求知求诚求真实的科学的欲望，由之而达到满足这种欲望的方法之一，便是科学的描写文。所谓情感，就是人类自然的，随时随地触物即发的喜怒哀乐爱恶欲的情感。原来科学家对于他所研究的学术，有了心得，发明真理，或是从前怀疑，一旦豁然贯通；或是昔所未闻未见，现在忽然发见，便喜出望外，手舞足蹈，因此格外欢喜研究，这便是他的兴趣，无待乎在语言文字里面，寻求兴趣；不过一般科学描写文是为青年读者预备的，若能于精细完整之外，再加以文字上的吸摄力，格外可以引起他们的注意和研究的兴趣，试读上面所引的三个例，第一个《显花植物之特性》纯为精细完整的描写文，并没有兴趣的意味参加其间；第二个《游水类动物》，说他们的种类，因而谈到他们器官肢体的功用，便有些兴趣了；第三个《考工记》的一段，不但部居类别，了若指掌，在古代科学的描写文中为绝无仅有，就是他那样跃跃纸上的活泼气象也足以使读者眉飞色舞！科学的描写文，最容易枯涩、干燥，最容易使初学生厌，那末兴趣不是不可少的要素了。所以虽是分析的描写文，也应当注意文字组织的三种要素——统一、联络和重点。因为描写文包含一件物事的种种散漫的节目，有些是不关于描写主旨的，有些虽有关于描写的主旨但不甚重要的；若是没有剪裁和组织的方法，便容易失却完整和精细的精神，像这样的描写文，不小心的青年学生常常会做出来的，我们不能承认他是科学的描写文。

（1）统一。保持这科学的描写文的统一，首先要定描写的目的；其次就要排去一切与目的无关的节目。譬如我们看见了一朵花，目的在描写他的构造，那末，就要把他的胚乳种子的有无、叶的单双、花的隐显，木本呀，草本呀，热带的产物呀，温带的产物呀，要说清楚，使读者一看就知他是那一类的植物；至于他的颜色是红的、黄的，臭味是清香，是幽香，开得好看不好看，万不可夹叙在里面。又如我们到了西湖，看见他们在那儿修苏堤、白堤上的两条马路，要考查他们修理两堤和建造马路的工程，应当描写的，只是：（1）两堤各宽几何丈，（2）高几丈，（3）长几何丈，（4）马路所经过的距离几何长，（5）自某处起至某处止，（6）人工几何，（7）砖石几何，（8）经费几何，（9）需时日几何，（10）两堤的形式若何。至于苏堤的风景怎样好，白堤风景怎样好，或是凭栏游览的士女怎样多，皆与本题无关，应当一律屏除[1]。

（2）联络。科学的或分析的描写文，不但要力求统一，并且要保持他的联络。假使你所描写的虽然都是应当描写的，不过"头上一句，脚上一句""瞻之在前，忽焉在后"，致令读者敝精劳神，手忙脚乱，摸不着头脑，也是徒劳无功。譬如上面所举的第一个例子：始而描写"胚"的产生，继而描写"胚乳"的产生，继而描写"有胚乳种子""无胚乳种子"的分类；又由种子说到子叶之产生，再由子叶说到"单子叶植物"与"双子叶植物"的区别，于是"显花植物之特性"遂了若指掌了。又如第二例，首先描写游水类动物的大概形状；继而描写他的全体大部分的器官及功用；后来才描写他的比较小的器官及功用，后来才描写它的栖息之地及生活的方法，末了则举此类的数族动物以为例，于是游水类动物的大概情形，我们也可晓得了。第三例则更条理井然，第一句"梓人为笋虡"揭示题旨；次则又以"天下之大兽五：脂者、膏者、裸者、羽者、鳞者。宗庙之事，脂者、膏者以为牲，裸者、羽者、鳞者以为笋虡"两句总括下文；然后以"小虫之属""裸属""羽属""鳞属"与"以为雕琢""以为钟虡""以为磬虡""以为笋"联络一气，挨次描写；末了"凡攫搏援箸之类……其匪色必似不鸣矣"一

---

〔1〕 屏除：今写作 "摒除"。

段，专论钟虞所刻裸属，详略互见，系统不紊，而五兽形状、功用及其分类，便朗若列眉，照此看来，联络的唯一方法，便是：保持我们预定的顺序。

（3）重点。在文学里安置重点，本是一个引起兴趣的好方法，而在科学的描写文中，却不占重要的位置。不过若是一面能够不牺牲联络的精神，一面又能运用安置重点的方法，却是可以的。如上面举的第三例《梓人为笋虞》的后一段专论"裸属"，极力描写，便是此例。

不过最须小心的就是：不能因为重点减少文字的联络力；因为"联络"是科学的描写文中最紧要的元素。

第四节　艺术的描写文

要晓得艺术的描写文怎样做法，必要晓得艺术是什么，照托尔斯泰说：凡是能把我受的情感和印象传授给别人，使他也受着和我一样的情感和印象的，就是艺术。——参见托尔斯泰的《什么是艺术》——那末，我们为什么要做艺术的描写文，也就是为着要把我们对于一个物事所感受的情感及印象传给别人，使他和我感受同样的情感和印象了。试读以下所引各文：

（1）孔明庙前有老柏，
　　柯如青铜根如石。
　　霜皮溜雨四十围，
　　黛色参天二千尺。
　　君臣已与时际会，
　　树木犹为人爱惜。
　　云来气接巫峡长，
　　月出寒通雪山白。
　　忆昨路绕锦亭东，
　　先主武侯同閟宫。
　　崔嵬枝干郊原古，
　　窈窕丹青户牖空。
　　落落盘踞虽得地，
　　冥冥孤高多烈风。
　　扶持自是神明力，
　　正直原因造化工。
　　大厦如倾要梁栋，
　　万牛回首丘山重。
　　不露文章世已惊，
　　未辞翦伐谁能送。
　　苦心岂免容蝼蚁，
　　香叶终经（一作惊）宿鸾凤。

志士幽人莫怨嗟，
古来材大难为用。——《杜工部诗集·古柏行》

（2）素练风霜起，
苍鹰画作殊。
㧐身思狡兔，
侧目似愁胡。
绦镟光堪摘，
轩楹势可呼。
何当击凡鸟，
毛血洒平芜！——杜甫《画鹰》

（3）邓公马癖人共知，
初得花骢大宛种。
夙昔传闻思一见，
牵来左右神皆竦。
雄姿逸态何崷崒，
顾影骄嘶自矜宠！
隅目青荧夹镜悬，
肉骏碨礌连钱动。
朝来久试华轩下，
未觉千金满高价，
赤汗微生白雪毛，
银鞍却覆香罗帕。

卿家旧赐公取之，

天厩真龙此其亚，

昼洗须腾泾渭深，

朝趋可刷幽并夜。

……——杜甫《骢马行》

（4）二马并驱攒八蹄，

二马宛颈鬃尾齐；

一马任前双举后，

一马却避长鸣嘶。

老髯奚官骑且顾，

前身作马通马语。

后有八匹饮且行，

微流赴吻若有声。

前者既济出林鹤，

后者欲涉鹤俯啄，

最后一匹马中龙，

不嘶不动尾摇风。

韩生画马真是马，

苏子作诗如见画。

世无伯乐亦无韩，

此诗此画谁当看？——苏轼《韩干马十四匹》

（5）春云蒙蒙雨凄凄，

春秧欲老翠剡齐。
嗟我妇子行水泥，
朝分一垄暮千畦。
腰如箜篌首啄鸡，
筋烦骨殆声酸嘶。
我有桐马手自提，
头尻轩昂腹胁低。
背如覆瓦去角圭，
以我两足为四蹄。
耸踊滑汰如凫鹥，
纤纤束藁亦可贵。
何用繁缨与月题，
辄从畦东走畦西？
山城欲闭闻鼓鼙，
忽作的卢跃檀溪。
归来挂壁从高栖，
了无刍秣饥不啼。
少壮骑汝逮老蹇，
何曾蹶轶防颠防隮。
锦鞯公子朝金闺，
笑我一生踏牛犁，
不知自有木駃騠！——苏轼《秧马歌》

（6）道中迷雾冰滑，磴几不可登。及既上，苍山负雪，明烛天南，望晚日照城郭；汶水、徂徕如画；而半山居雾若带然。戊申晦，五鼓，与子颖坐日观亭，待日出。大风扬积雪击面，亭东自足下皆云漫。稍见云中白若樗蒲数十立者，山也。极天云一线异色，须臾成五采。日上正赤如丹，下有红光，动摇承之。或曰：此东海也。回视日观以西峰，或得日或否，绛皓驳色，而皆若偻。——见姚姬传《登泰山记》

（7）……那树边，地边，天边，

　　如云，如水，如烟，

　　望不断，——一线。

　　忽地里扑喇喇一响。

　　一个野鸭飞去水塘，

　　仿佛像大车音浪，漫漫的工——东——当。

　　　　又有种说不出的声息，若续若不响。——见傅斯年的《深秋永定门晚景》

（8）……对面来了个纤人，

　　拉着个单桅的船徐徐移去。

　　双橹挂在船唇，

　　皱面开纹，

　　活活水流不住。

　　船头晒着破网，

渔人坐在板上，

把刀劈竹啪啪的响。

船口立个小孩，又憨又蠢，

不知为什么？

笑眯眯痴看那黄波浪……——见俞平伯的《春水船》

(9) 东望东海，

鲤鱼斑的黑云里，

横拖着要白不白的青光一带。

中悬着一颗明珠儿，

凭空荡漾，

曲折横斜地来往。

这不要是青岛么？

海上的鱼么？

火车上的灯？汽船上的灯？——还是谁放的玩意儿么？

升了，升了，

明珠儿也不见了。

山下却现出了村灯——一点——二点——三点。

夜还只到一半么？

这分明是冷清清的晨风，

分明是呼呼呼地吹着，

分明是带来的几句鸡声，

日怎么还不浮出来哟！——康白情《草儿·日观峰看浴日》

（10）到了铁公祠前，朝南一望，只见对面千佛山上，梵宇僧楼，与那苍松翠柏，高下相间，红的火红，白的雪白，青的靛青，绿的碧绿，更有那一株半株的丹枫夹在里面，仿佛宋人赵千里的一幅大画，做了一架数十里长的屏风。正在叹赏不绝，忽听一声渔唱，低头看去，谁知那明湖业已澄净的同镜子一般。那千佛山的倒影映在湖里，显得明明白白。那楼台树木，格外光彩，觉得比上头的一个千佛山还要好看，还要清楚。这湖的南岸，上去便是街市，却有一层芦苇，密密遮住。现在正是开花的时候，一片白花映着带水气的斜阳，好似一条粉红绒毯，做了上下两个山的垫子，实在奇绝。——《老残游记》

（11）杂古今人物小画共一卷。

骑而立者五人；骑而被甲载兵立者十人；一人骑执大旗前立；骑而被甲载兵行且下牵者十人；骑且负者二人；骑执器者二人；骑拥田犬者一人；骑而牵者二人；骑而驱者三人；执羁靮立者二人；骑而下倚马臂隼而立者一人；骑而驱涉者二人；徒而驱牧者二人；坐而指使者一人；甲胄手弓矢铁钺植者七人；甲胄执帜植者十

人；负者七人；偃寝休者二人；甲胄坐睡者一人；方涉者一人；坐而脱足者一人；寒附火者一人；杂执器物役者八人；奉壶矢者一人；舍而具食者十有一人；把且注者四人；牛牵者二人；驴驱者四人；一人杖而负者；妇人以孺子载而可见者六人；载而上下者三人；孺子戏者九人。凡人之事三十有二，为人大小百二十有三，而莫有同者焉。

马大者九四。于马之中，又有上者、下者、行者、牵者、涉者、陆者、翘者、顾者、鸣者、寝者、讹者、立者、人立者、龁者、饮者、溲者、陟者、降者、痒磨树者、嘘者、嗅者、喜相戏者、怒相踶啮者、秣者、骑者、骤者、走者、载服物者、载狐兔者。凡马之事二十有七，为马大小八十有三，而莫有同者焉。

……隼一，犬、羊、狐、兔、麋鹿共三十。旃车三辆，杂兵器、弓矢、旌旗、刀剑、矛盾、弓服、矢房、甲胄之属，瓶盂、簦笠、筐筥、锜釜、饮食、服用之器，壶矢搏弈之具，二百五十有一，皆曲极其妙。——韩愈《画记》

第五节　艺术描写文的两大要素

艺术描写文的两大要素是（一）暗示；（二）兴趣。

（一）暗示

读者读了上面所引的艺术描写文的例子，可以抽绎出来他的精神，只是：

　　（1）具体的描写。
　　（2）自然的画意。
　　（3）字句的渲染。

怎么叫做具体的描写呢？譬如杜甫写孔明庙前的老柏，只写他"云来气接巫峡山，月出寒通雪山白"与"落落盘踞虽得地，冥冥孤高多烈风"，而千年老柏的孤高耐寒的节操和那"黛色参天"的气象，已觉凛然可畏。又如，他的《画鹰》那首诗把那鹰的姿势精神，写得栩栩欲飞，处处是描写画鹰，不是真鹰，却只用了"素练风霜起……毛血洒平芜"四十个字，若是一部一部细细地描写，反足以减少他的精神。又如他的《骢马行》那首写骢马的神骏，只须"凤昔传闻思一见，牵来左右神皆竦"和"隔目青荧夹镜悬，肉骏碨礌连钱动"四句；写他自爱的气象，只须"雄姿逸态何崭岧，顾影骄嘶自矜宠"两句；写他的才能，只须"昼洗须腾泾渭深，朝趋可刷幽并夜"两句。杜少陵说他自己"下笔若有神"，实在不是假话。苏轼的《秧马歌》也是具体的写法。

怎么叫做自然的画意呢？就是描写一种景致，或一个物事，应用自然派的画意，《红楼梦》中有一段话，很可拿来说明这个意思，特引在下面：

宝玉道："却又来！此处置一田庄，分明是人力造作成的：远无邻村，近不负郭；背山山无脉，临水水无源；高无隐寺之塔，下无通市之桥，峭然孤出，似非大观。争似先处有自然之理，得自然之气，虽种竹引泉，亦不伤穿凿。古人云：'天然画图'四字，正畏非其地而强为地，非其山而强为山，虽百般精巧而终不相宜！"

就是顺应天趣，还他本来面目的意思。如苏轼的《韩干马十四匹》，韩愈的《画记》，把那马的行动、神情、个性，人的行动、神情、个性以及牛羊三矢服用之具，写得"莫有相同"而皆各尽其妙。傅斯年的《深秋永定门晚景》，把那"树边，地边，天边"的"如云，如水，如烟"的景致，只须"望不断——一线"五个字写得如画。又如，俞平伯的

《春水船》朴朴实实地说话，却把个春水行船写得"如在目前"。又如，姚姬传的《登泰山记》、康白情的《日观峰看浴日》把东海日出的朝景，也写得活泼泼的，仿佛我们看见那"苍苍凉凉"的朝日似的。又如，《老残游记》描写大明湖南望一段景致，都是自然的画意。

什么叫做字句的渲染呢？我们做科学的描写文，只要问字的意义确当，不要讲究字的音节、词的修饰；做艺术的描写文，却不然了，有时我们于朴实的描写之外，还要用艺术的工夫，但以不违背上面所举的"具体的描写"与"自然的画意"为条件，如："霜皮溜雨""黛色参天""云来气接巫峡长，日出寒通雪山白"的"霜皮""黛色""气接……长"和"寒通……白"等字；"顾影骄嘶自矜宠"与"肉骏碨礌连钱动"，好个"矜宠""碨礌"！好个"连钱动"！又如"扑剌剌一响""漫漫的工——东——嵤"和"拍拍[1]的响"；又如"红的火红……更有那一株半株的丹枫夹在里面"，"上下却现出了村灯——一点——二点——三点"，大有"余音绕梁""如闻其声"的境界。这种境界，又超出画工之外，却不背乎画意与具体的写法——这就叫做字句的渲染。

以上三种写法，有一个神秘的力。这力是什么？就是

---

〔1〕 拍拍：今写作"啪啪"。

"暗示"。暗示怎讲呢？我且拿康白情的两句诗"一半给我们看；一半留着我们想"来做注解。作者只将他的对于一个物事的观念理想，用具体的画意的写法极力把他表现，又用字句的修饰的力，极力的渲染，只因为自然的美、艺术的美、天地的秘密，是不能用言语文字尽情表露的。上乘的艺术的描写文，也只能够把所描写的物事在字里行间暗暗地传出他的"真、美、善"罢了。一部《红楼梦》处处可以发见这种精神，而描写物事最显著的，为描写大观园一篇——《红楼梦》第十七回。你看他写富贵气、写山林气、写纨绔气，莫不曲尽其致；又看他一名之立，一联之悬，莫不具见匠心，读者熟读深思，自能心领神会，不暇一一征引也。

（二）兴趣

在艺术的描写文里面，兴趣是很重要的一个东西，我们自己都可以觉得。我们读《红楼梦》《儒林外史》和《西厢记》，为什么一遍、二遍、三遍、五遍，以至十百遍也不厌烦？不是因为他有兴趣么？至于别的小说，一遍二遍，便就觉得不耐烦读他，不是因为他没有兴趣么？比如你描写西湖的三潭印月，只说：

> 西湖当中有一个滩；滩之南面，有三个潭，潭水深不可测，月亮出来，照着潭水，异常好看。

试问这样没滋没味的文字，谁人去读？也大煞西湖的风景！应当把三潭印月本庄上构造的精巧、幽静和乾隆下江南时的遗迹，吕留良、黄宗羲诸先生的祠堂，以及彭雪琴的诗及刻石描写一翻[1]；再把它南边小南湖的御书楼，东南边的雷峰塔，西南边的刘庄、康庄、李庄、高庄，西边逦迤而南，绕出前面的苏堤和远望的天竺、北高峰、南高峰，东边的湖滨市场，北边的湖心亭、阮墩白堤、里西湖的山的水的古迹——苏小的坟，岳爷的墓，秋瑾、徐锡麟的忠骨，凡足为湖山生色的皆须用具体的、自然画意的写法，描写一番，然后再说三潭的深浅、大小、形状、夜月照临的光影，那末，三潭印月的美景，才有可以引人入胜、勾人心魄的价值。像杜甫《奉先刘少府新画山水障歌》，便有此种兴趣。且拿薛福成《观巴黎油画院记》的一段文字做个例：

　　　　赴油画院，观普法交战画图。其法为一大圆室，以巨幅悬之四壁，由屋顶放进光明。人入其中，极目四望，则见城堡、冈峦、溪涧、树林，森然布列；两军人马杂遝，放枪者、点炮者、搴大旗者、挽炮车者，络绎相属。各处有巨弹堕地，则火光逆裂，烟焰迷漫。其被

---

〔1〕　描写一翻：今写作"描写一番"。

轰击者，则断壁危楼，或黔其庐，或赭其垣。而军士之折臂断足、血流殷地、偃仰僵仆者，令人目不忍睹！仰视天，则明月斜挂，云霞掩映；俯视地，则绿草如茵，川原无际；情景靡不逼真，几自疑身行即战场，而忘其在一室中者。迨以手扪之，始知其为壁也——画也，皆幻也！——见薛福成的《四国日记》

我们读过这一段文字，一定也就像薛先生说的，"几自疑身行即战场，而忘其在一室中者"，而且读了一篇之后，脑筋里便留了一种印迹，永远忘记不掉。若以科学家的观察来描写他，一定要说那圆室怎样造的，用什么材料，室内布景用什么方法，什么材料；油画的材料如何化合，光线如何配置，一览之后，便索然无味，又怎样能使我们发生兴趣，又怎样能给我们一个印象深深地刻在脑筋里？又如杜甫的《哀江头》诗里：

忆昔霓旌下南苑，
苑中万物生颜色。
昭阳殿里第一人，
同辇随君侍君侧！
辇前才人带弓箭，
白马嚼啮黄金勒。

翻身向天仰射云，

一笑（或作"箭"，又作"发"）正坠双飞翼。

明眸皓齿今何在？

血污游魂归不得！

　　你看他描写杨贵妃的颜色，只须"翻身向天仰射云，一笑正坠双飞翼"两句和"明眸皓齿"四字，而倾国倾城之美，已毕现于我们的眼前。所以我们读了杜甫的全集，也只有这样的诗能以使我们不忘！这是什么缘故呢？一来他要描写一件物事，对于各种关于本题的众多的事实能以知所选择；二来选择之后，他又善于使用。故往往同一物事、同一材料，一到他手里，加上艺术的烹调，便成一篇极富有感兴的作品。所以兴趣差不多是要全靠着选择众多的事实和善于使用他的两种方法；然若要想尽这两种方法的能事，应当注意统一、联络和重点三事。

　　（1）统一　我们要描写一座房子，拿过笔来，忽而说他的基地如何坚实；忽而说他的颜色如何美丽；忽而又说他的门上雕刻如何精巧；忽而又说他的楼阁如何庄严。描写一座山，忽而说他怎样的高峰插天；忽而说他怎样的树木青翠；忽而说他的层峦叠嶂，怎样巍峨伟大，令人敬畏；忽而又说他的小桥流水，柳暗花明，怎样幽静可爱。教人看了，摸不着作者对于那座房子的意思：还是要描写他建筑的庄严呢，还是要描写他的精巧夺人呢？对于那座山，还是要描写它崇高的气象呢，还是要描写它宜人的风景呢？这个毛病，就是"驳杂不纯"。不但是把好坏的材料和事实混和在一块，才谓之"驳杂不纯"，就是都是好的材料和事实，都很有兴趣的，但是有许多是与描写的主旨无关的兼容并蓄，也叫做驳杂不纯。所以我们要保持艺术描写的统一，第一要照着目的去选择材料和事实。

（a）照着目的去选择材料和事实。目的在描写那山的崔巍嵯峨的崇高气象，就不要把他那美丽的性质写出来；若目的在写他的美丽，便不要把他的伟大的气象也夹在里面。描写那房子，及其他物事，皆是如此。譬如杨万里的《晓出净慈寺送林子方》：

> 毕竟西湖六月中，
> 风光不与四时同：
> 接天莲叶无穷碧，
> 映日荷花别样红。

他眼中看见的西湖，是六月的西湖，他所要描写的西湖，也只是这六月中"风光不与四时同"的西湖，所以他排除了许多西湖中"非六月中"的风光——与四时同的风光——仅仅以：

接天连叶无穷碧，

映日荷花别样红。

两句，把六月中西湖的风光描写得一览无余。又如翁卷的《乡村四月》：

绿遍山原白满川，

子规声里雨如烟。

乡村四月闲人少，

才了蚕桑又插田。

他所看见的乡村，是"四月闲人少"的乡村，所以他的闻见，只是："绿遍山原白满川，子规声里雨如烟"和"才了蚕桑又插田"，举凡"闲人不少"的和非四月的乡村风景一律排除，这才是统一的手段。上面所举的例，如杜甫、杨万里之诗，太史公以下诸家之文，那一个不是这种精神——照着目的去选择材料和事实的精神！

（b）观点。观点的意义及用法，我在前面已经说过，但还未详尽，现在再把关于描写的观点说一说。我们虽然拿定了描写的主意，然若不把观点弄清楚，还是有碍文字的统一，观察点有方位和远近的区别。站在所描写的物事和景致的前面所观察的与站在他的后面或左或右所观察的，一定不同；站在距离远的地方观察一个物事或风景，与站在距离近的地方观察他，也一定不同。方位的观点，已见前，不说了，单说远近观点的区别和观点的变易两事。如：

这个人打扮与众姑娘不同，彩绣辉煌，恍若神妃仙子：头上戴着金丝八宝攒珠髻，绾着朝阳五凤挂珠钗；项上戴着赤金盘螭璎珞圈……身上穿着缕金百蝶穿花大红云缎窄裉袄；外罩五彩刻丝石青银鼠褂；下着翡翠撒花洋绉裙。一双丹凤三角眼，两弯柳叶掉梢眉；身量苗条，体格风骚；粉面含春威不露，丹唇未启笑先闻。——《红楼梦》

说着，进入石洞来。只见佳木茏葱，奇花烂灼，一带清流，从花木深处泻于石隙之下。再进数步，渐向北边，平坦宽豁，两边飞楼插空，雕甍绣槛，皆隐于山坳树杪之间。俯而视之，则清溪泻玉，石磴穿云；白石为栏，环抱池沼；石桥三港，兽面衔吐。桥上有亭。——《红楼梦》

从小丘西行百二十步，隔篁竹，闻水声，如鸣珮环，心乐之。伐竹取道。下见小潭，水尤清冽。全石以为底。近岸，卷石底以出，为坻，为屿，为嵁，为岩。青树翠蔓，蒙络摇缀，参差披拂。潭中，鱼可百许头，皆若空游无所依。日光下澈，影布石上，怡然不动。俶尔远逝，往来翕忽，似与游者相乐。

潭西南而望，斗折蛇行，明灭可见。其岸势犬牙差互，不可知其源。坐潭上，四面竹树环合，寂寥无人，凄神寒骨，悄怆幽邃……——柳子厚《至小丘西小石潭记》

上面所引的各文所描写的物事或风景，皆是就近的地方观察。如杜甫的《奉先刘少府新画山水障歌》《古柏行》《画鹰》《骢马行》，苏轼的《秧马歌》，薛福成的《观巴黎油画院记》也是据近的观点描写的。又如：

云淡天高，好一片晚秋天气！
有一群鸽子，在空中游戏。
看他们三三两两，
回环来往，
夷犹如意——
忽地里，翻身映日，白羽衬青天，鲜明无比！——
胡适的《鸽子》诗，见《尝试集》

又如苏子瞻的《超然亭记》：

凡物皆有可观。苟有可观，皆有可乐，非必怪奇伟丽者也。餔糟啜漓皆可以醉，果蔬草木皆可以饱。推此类也，吾安往而不乐？

夫所为求福而辞祸者，以福可喜而祸可悲也。人之所欲无穷，而物之可以足吾欲者有尽。美恶之辨战于中，而去取之择交乎前，则可乐者常少，而可悲者常多。是谓求祸而辞福。

夫求祸而辞福，岂人之情也哉！物有以盖之矣。彼游于物之内，而不游于物之外。物非有大小也，自其内而观之，未有不高且大者也。彼挟其高大以临我，则我常眩乱反复，如隙中之观斗，又焉知胜负之所在？是以美恶横生而忧乐出焉，可不大哀乎！

余自钱塘移守胶西，释舟楫之安而服车马之劳，去雕墙之美而庇采椽之居，背湖山之观而行桑麻之野。始至之日，岁比不登，盗贼满野，狱讼充斥，而斋厨索然，日食杞菊，人固疑余之不乐也。处之期年，而貌加丰，发之白者，日以反黑。

余既乐其风俗之淳，而其吏民亦安予之拙也。于是治其园圃，洁其庭宇，伐安丘、高密之木，以修补破败，为苟全之计。而园之北，因城以为台者旧矣，稍葺而新之。时相与登览，放意肆志焉。南望马耳、常山，出没隐见，若近若远，庶几有隐君子乎？而其东则卢山，秦人卢敖之所从遁也。西望穆陵，隐然如城郭，师尚父、齐桓公之遗烈，犹有存者。北俯潍水，慨然太息，思淮阴之功而吊其不终。台高而安，深而明，夏凉而冬温。雨雪之朝，风月之夕，余未尝不在，客未尝不从。撷园蔬，取池鱼，酿秫酒，瀹脱粟而食之，曰："乐哉游乎！"

方是时，余弟子由适在济南，闻而赋之，且名其台曰"超然"。以见余之无所往而不乐者，盖游于物之外也。

这一首诗，一篇文，所描写的物事，是从远处观察的——远的观点。不过有点区别：这首诗是从远处描写所见的物事；这篇文却是借远处所见的古迹，来描写近处，观点同，而所描写的对象不同，这是要注意的。其他如，姚姬传的《登泰山记》，傅斯年的《深秋永定门晚景》，康白情的《暮登泰山西望》的诗，也都是远望的——远的观点。

有时在一篇文里，想描写一个物事的全部，不能不"变易观点"，但是当变易观点的时候，必须点清立场（Standing point），才不致淆乱读者的心思，我且把《红楼梦》描写大观园的文字，引几段来作个例：

贾政道："……我们先瞧外面，再进去。"……贾政先秉正看门，只见正门五间，上面桷瓦泥鳅脊；那门栏窗槅，俱是细雕时新花样，并无朱粉涂饰，一色水磨群墙，下面白石台阶，凿成西番莲花样。左右一望，皆雪白粉墙，下面虎皮石，随意乱砌，自成纹埋，不落富丽俗套，自是欢喜。遂命开门，只见一带翠嶂挡在面前。众清客都道："好山！好山！"贾政道："非此一山，一进来，园中所有之景悉入目中，则有何趣？"众人都道："极是！非胸中大有丘壑，焉能想到这里！"说毕，往前一望，见白石峻嶒，或如鬼怪，或似猛兽，纵横拱立，上面苔藓斑驳，或藤萝掩映，其中微露羊肠小径。贾政道："我们就从此小径游去，回来由那一边出去，方可遍览。"说毕，命贾珍前导，自己扶了宝玉，逶迤走进山口。抬头忽见山上有镜面白石一块，正是迎面留题处……

　　说着，进入石洞来，只见……

　　……于是出亭过池，一山一石，一花一木，莫不着意观览。忽抬头见前面一带粉垣，数楹修舍，有千百竿翠竹遮映。众人都道："好个所在！"于是大家进入，只见进门便是曲折游廊，阶下石子漫成甬路；上面小小三间房舍，两明一暗，里面都是合着地步打的床几椅案。从里间房里，又有一小门，出去却是后园，有大株梨花并芭蕉，又有两间小小退步。后院墙下，忽开一隙，得泉一派，开沟仅尺许，灌入墙内，绕阶缘屋至前院，盘旋竹下而出……

……

一面说，一面走，忽见青山斜阻。转过山隈中，隐隐露出一带黄泥墙，墙上皆用稻茎掩护。有几百枝杏花，如喷火蒸霞一般。里面数楹茅屋，外面却是桑、榆、槿、柘，各色树稚新条，随其曲折，编就两溜青篱。篱外山坡之下，有一土井，旁有桔槔辘轳之属；下面分畦列亩，佳蔬菜花，一望无际……

只此四段，他的观点已有八次变换，如：

(1) 我们先瞧外面，再进去。

(2) 遂命开门。

(3) 自己扶了宝玉，逶迤走进山口。

(4) 说着，进入石洞来。

(5) 于是出亭过池。

(6) 于是大家进入。

(7) 又有一小门，出去却是后园。

(8) 转过山隈中。

处处点醒观者的立点，虽曲折迂回，而各处景致皆宛然在目，历历不爽，是夹叙夹写的文字——变易观点的法子。

还有选择与所描写的物事有关材料和事实，要受作者的情感的影响。因为人人所处的境遇不同，情感亦各异。情感既异，则同一物事，处境好的对于他的观察，同处境坏的对于他的观察，一定不同。同一景致，快活的人对之只看见那许多可乐观的地方、可欣赏的东西；忧伤的人对之，只看见那许多可悲哀的地方、可歌泣的东西；意境超远的对之，则又觉得山河大地，随在河乐，情不为境迁，心不为形役。如《柏林之围》一篇，是法国人叙述德兵围巴黎的故事。法国人当时兵败国辱，故所见事实，在皆足以引起他爱国的悲愤。如：

> 老人卧处所可见者之遗物，往烈之余泽也。壁上则名将须眉，战场风景，罗马王褓裸之图也；架上则夺归之旗帜，表勋之金牌也。又有圣希列拿岛之崖石，玻盒盛之。又有美人之像，鬈发盛服，衣黄色之裙，羊腿之袖，半尺之带，令人想见拿帝朝之妆束焉。——胡适译的《短篇小说》

等等遗泽，在法国人当时看了，抚今追昔，皆是足以引他们的慷慨悲歌的地方。然当时德人的情感一定不然。假使他们要叙述德兵攻入巴黎的情状，一定要描写德兵军容如何威武，战利品如何的多，炮击巴黎如何有效，尽选那些足以装点德军义勇的物事以入文。——这是处境不同、情感各异，而描写物事或景致的材料的选择，也就不同的原故。又如：

> ……
>
> 方宅十余亩，
> 草屋八九间。
> 榆柳荫后檐，
> 桃李罗堂前。
> 暧暧远人村，
> 依依墟里烟。
> 狗吠深巷中，
> 鸡鸣桑树巅。
> 户庭无尘杂，
> 虚室有余闲。
>
> ……

在一个"少无适俗韵，性本爱丘山"的陶渊明对于那十余亩方宅、八九间草屋，只看见"榆柳荫后檐……虚室有余闲"种种"复得反自然"的美景。若是一个热中[1]权利的肮脏狗对之，必然只看见那些狭隘卑小"华门圭宝"等等贫贱气象与他心理相背的事实。若是他要描写这方宅、草屋，一定要说得不堪驻足了——这是意境不同，而描写的物事或景致的材料的选择，也必不同的原故。虽说都由于情境之自然，然作文时也须准着上边所说的标准，留心分别，慎于选择才是。

还有一桩要注意的就是描写文字，不可节目太繁，头绪太多；换一句话说，就是观点不可屡屡变更。平常人的力量，对于有限的节目或头绪，还可以照顾得了，若太繁多，便要发生困难，或是破坏了文字的统一。本来一件物事或风景繁简兴趣和他的背景，各有不同，我们不能说描写文应该要多么长才好，但是可以说描写文越短越好。因为越短越有生趣，越能统一，且能入画，已经不是容易事。至如《红楼梦》里面描写大观园那样长篇的文字，包含许多不同的观点和许多叙述体的文字，必须有很好的精力和天才，聚集多少不同的画图在一个主要的目的里面，更是不容易的事。

（2）联络　在带着暗示的描写文里面，保持联络，也有一定的方法，控制文中的各部分。

这种方法，叫做自然的次序，就是我们可以照我们观察

---

〔1〕　热中：今写作"热衷"。

他们的自然步骤安排他们的次序。例如，杜甫的《奉先刘少府新画山水障歌》，他始而看见了那个山水障，做一个骇怪疑问之词，"堂上不合生枫树，怪底江山起烟雾！"然后一看，才晓得……"扫却赤县图，乘兴遣画沧州趣"；继而便致叹于"画师亦无数，好手不可遇；对此融心神，知君重毫素"；再看，又惊叹他那"元气淋漓障犹湿，真宰上诉天应泣"的巧夺天工；再细看，又见"野亭"的"杂花"，"渔翁"立"孤舟"，"水"的深阔，"岸"与"岛"的精细到了"秋毫末"和那"临江活"的"斑竹"；再细看，又看见刘侯的大儿"能添老树颠崖里"，小儿"貌得山僧及童子"；看他的画这样神妙，这样胸襟高旷，于是便引起他"吾独何为在泥滓？青鞋布袜从此始"的遐想来了。又如他的《骢马行》，其始描写初看见"花骢"的情形，其次描写他的姿态；等到"朝来久试华轩下……"四句以后，才批评他的骏才"昼洗须腾泾谓深，朝趋可刷幽并夜"，这种写法，何等的如情如理[1]！所谓如情如理，就是"自然的次序"。其余如所引的苏轼、胡适以及《红楼梦》中描写大观园的文，都有自然的次序，保持他们的联络。

（3）重点　在散见于叙事文中的描写文里，若这种描写文，若只在补足这篇故事的背景，重点是不甚重要的。因为

---

[1]　如情如理：今写作"入情入理"。此类后同。

有了重点，反足以破坏本文的主旨，因为他是叙述文，不是描写文。但是文中，叙述描写文，在他们的行动急转直下的时候，却应当选用极精彩的语句做重点，最好的例是《柏林之图》的末一段：

> 嗟夫！老人未尝误听也。凯旋门外，黑影簇簇成阵，迎朝日而来。胄上之缨见矣！耶拉之鼓声作矣！凯旋门下，许伯"凯旋之乐"大奏与普鲁士军队步伐之声相和。
>
> 凯旋门街深寂之中，忽闻大声呼曰："上马！上马！普鲁士人至矣！"
>
> 普军先行之四人，闻声仰视，乃见窗上一魁伟老人，双臂高舞，四肢颤动，颓然而仆。朱屋大佐此时真死矣！

此文描写朱屋大佐"戎服介胄立窗上"，看见普鲁士兵入城，因而致死的情景，所以读到"上马！上马！普鲁士人至矣"和"乃见窗上一魁伟老人，双臂高舞，四肢颤动，颓然而仆……"戛然而止。——便是叙述文中描写的重点。

（a）重点的地位。也和别的文字一样，或在前，或在后。在前面的，如杜甫的《奉先刘少府新画山水障歌》"堂上不合生枫树，怪底江山起烟雾"，《骢马行》的"……夙昔传闻思一见，牵来左右神皆竦"。在后的，如苏轼《无锡道中赋水车》"唤取阿香推雷车"，《秧马行》的"笑我一生踏牛犁，不知自有木驶骧"，薛福成的《观巴黎油画院记》"画也，皆幻也"和胡适的《鸽子》"忽地里翻身映日，白羽衬青天，鲜明无比"。至于中国的绝诗重点大半在后，又不徒描写的作品为然也。

（b）特点的详说。还有一种保持描写文重点的方法，就是用种种方式详说所描写的物事或风景的一二种特点，以唤起人们的注意。如：

　　一时，黛玉进入荣府，下了车，众嬷嬷引着便往东转弯。走过一座东西的穿堂，向南大厅之后，仪门内大院落上面五间大正房，两边厢房，鹿顶耳门钻山，四通八达，轩昂壮丽，比贾母处不同。黛玉便知这方是正内室，一条大甬路直接出大门的。进入堂屋，抬头迎面先见一个赤金九龙青地大匾；匾上写着斗大三个字，是："荣禧堂"；后有一行小字："某年月日书赐荣国公贾源"；又有"万几宸翰"之宝。大紫檀雕螭案上，设着三尺来高青禄古铜鼎，悬着待漏随朝墨龙大画；一旁是鏨金彝，一旁是琉璃盒。地下两溜十六张楠木椅子。又有一副对联，乃是乌木联牌，镶着鏨银字迹，道是："座上珠玑昭日月；堂前黼黻焕烟霞"。下面一行小字，道是："乡世教弟勋袭东安郡王穆莳拜手书"。——《红楼梦》。

这一段本是描写荣府的轩昂壮丽，而从黛玉的眼中，只见着他那"一个赤金九龙青地大匾……又有一副对联……"几样东西，偏把他详细说了一番——这也是描写文中一个保持重点的方法。

第六节　个人风仪和特质的描写文

（一）人身的风仪和特质的描写

这一个问题为什么要特别提出来呢？因为在小说或传记里面描写人身的风仪和特质的描写文字，可以说是占重要的部分。

我们描写一个人，举凡他的年龄、身长、体格，他的形容、发肤，目光的眸或瞭，须眉的长或短，他的衣服、靴、帽、领、袖的式样、颜色，皆可相当的表现这人的道德和性质。但是若在一个警察官眼里，以上种种的描写皆是无用的。因为这些写法，并不足做认识此人的标识。如《红楼梦》里描写宝玉道：

头上戴着束发嵌宝紫金冠，齐眉勒着二龙抢珠金抹额；一件二色金百蝶穿花大红箭袖，束着五彩丝攒花结长穗宫绦；外罩石青起花八团倭缎排穗褂；蹬着青缎粉底小朝靴……

假使不接着底下：

> 面若中秋之月，色如春晓之花；鬓若刀裁，眉如墨画，鼻如悬胆，眼似秋波。虽怒时而似笑，即瞋视而有情。项上金螭缨络，又有一根五色丝绦，系着一块美玉。

的仪表神情和特别物——美玉，黛玉也不能"一见便吃一大惊"。

又如：

> 只见那汉子，头戴一顶范阳毡笠，上撒着一把红缨，穿一领白缎子征衫，系一条纵线绦，下面青白间道行缠，抓着裤子口，獐皮袜，带毛牛膀靴，跨口腰刀，生得七尺五六身材。

我们读《水浒》到此处，假使没有"面皮上老大一搭青记，腮边微露些少赤须"，那么，稍微高大一点的汉子，都可以装得出；有了这两句，才把一个唤做青面兽的杨志的风仪和特质便写将出来了。但是，这还是普通的描写法。

（二）风仪和特质的特别描写法

我们描写人身的风仪和特质，预先要有个目的：

（a）要是描写他的状态。如：

> 史进头戴白范阳毡大帽，上撒一撮红缨，帽儿下里一顶浑青抓角软头巾，顶上明黄缕带，身穿一领白纻丝两上领战袍，腰系一条揸五指梅红攒线搭膊，青白间道行缠绞脚，衬着踏山透土多耳麻鞋，挎一口铜铍磬口雁羽刀，背上包里，提了扑刀，辞别朱武等三人。——《水浒》

不一定要叙他生长得怎样，面貌怎样。

（b）若是要教人知道他的来历和特别的标识，则须说：

> ……又请高手匠人，与他刺了这身花绣，肩膊胸膛，总有九条龙；满县人口顺，都叫他作九纹龙史进。——《水浒》

（c）要是描写他的气概和特质，则如：

史进看他时，是个军官模样，头裹芝麻罗万字顶头巾，脑后两个太原府纽丝金环，上穿一领鹦歌绿纻丝战袍，腰系一条文武双股鸦青绦，足穿一双鹰爪皮四缝干黄靴。生得面圆、耳大、鼻直、口方，腮边一部络腮胡须，身长八尺，腰阔十围。——《水浒》

(d) 要写妇女的风仪和特质，则如：

态浓意远淑且真，
　　肌理细腻骨肉匀。
绣罗衣裳照暮春，
　　蹙金孔雀银麒麟。
头上何所有？
　　翠微匐叶垂鬓唇！
背后何所见？
　　珠压腰衱稳称身！……——杜甫《丽人行》

总而言之，我们目的在写他的态度和风仪，则不一定要把他的年龄多大、发的黑白、眼的蓝黄，一一叙述；若是描写他的最特殊的标识，以求辨别，则又不必把他的衣裳鞋帽、器械、服御，一一叙述——这是要特别注意的。

描写文中的譬喻法。

在描写文中最富于暗示性的便是譬喻法，尤其是带有比较意味的譬喻法。用这种方法，不但能把不易认识或领略的物事使人认识或领略，并且能使平常的物事格外的生动、活泼，或格外的了解。就是在科学的、分析的描写文里，这种方法，也是很有价值的。如：

> 至其光之红色与空气之分子接触时，竟能巧妙通过。反使其分子随红光波浪而运动，其情景与船之遇大小浪无异。凡船遇小浪时，其浪虽为船所触而反跃，至遇大浪时，则不论大小汽船，凡在浪之上者，必须与浪之运动相同，方能通过。

这是《科学谈话》第一编《夕阳反照何故云翌日天晴》中描写霞光通过空气的光景，就是用譬喻的一个例子。又如：

> 长虹斗落生跳波，
> 轻舟南下如投梭。
> 水师绝叫凫雁起，
> 乱石一线争蹉磨！
> 有如走兔鹰隼落。

骏马下泾千丈坡，

断弦离柱箭脱手，

飞电过隙珠翻荷。——苏轼的《百步洪诗》

你看他一首诗运用了多少比喻，而百步洪的景态已宛然如画。至于带有比较意味的譬喻，则如：

若把西湖比西子，

淡妆浓抹总相宜。

这是苏轼描写西湖的诗。又如白乐天的《长恨歌》说：

玉容寂寞泪阑干，

梨花一枝春带雨！

又如东坡赠辨才的诗道：

吾比陶令愧，

师比远公优。

这样比譬，皆足增人快感。

青年作者应注意的四件事。

最后对于青年作者提出四个重要的条件，即是应特别注意的事：

（1）做描写文时，应把你描写文的目的牢牢地记在心头，使你所做的能以充分地完成那个目的。

（2）当你作一篇人身的或风景的描写文时，要加倍地留心把那应当注意的事抽寻出来。

（3）若是能以把时日和观察在描写文中表明出来更好。因为他能使描写文益加真切。

（4）描写你亲身所见的物事或人身，是最好的方法。因为他可以练习你选择物事或人身的特质的技术。

第四章　解说文

第一节　解说文的目的和类别

解说文的主要目的就是向读者解说一件事理，使他们了然它的内容和意义。

（1）我们当教习的上了讲堂，用种种方法，引起学生对于我们所讲授的学科的注意，发挥里面的精义。若把这种语言记录起来，或是由教者自行编著，便是演说录，或讲义——就是解说文。如：

> ……什么叫做"转注"？这一瓶水，辗转注向那一瓶去；水是一样，瓶是两个。把这个意思来比喻，话是一样，声音是两种，所以叫做"转注"。譬如有个"老"字，换了一块地方，声音有点儿不同；又再造个

"考"字。有了这一个例，字就多了。但是人的意思，万变不穷，说话也万变不穷，却往往就这个意思，移做别个意思。所以一个字往往包容三四个字的意思；又添出"假借"一件例来。譬如"令"，本来是号令，后来发号令的人，也就叫做"令"，不必别造一个令字。"长"字本来是长短的长，后来看成年的人比小孩儿身体长些，也就叫做"长"；年纪老的也叫长；做了官，在百姓的上，也就叫做长。有了这一条例，就省造了许多。——章太炎先生的《中国文化的根源和近代学问的发达》，见《章太炎的白话文》

又如：

中国开化顶早。在四五千年以前，有一个皇帝，叫做伏羲氏。他做了八卦，就是☰乾（天）、☷坤（地）、☵坎（水）、☲离（火）、☶艮（山）、☳震（雷）、☱兑（泽）、☴巽（风）——上边注的是卦的名目；下边注的是卦的意义。——这八个卦，就是中国文字的起源。

不过上古的时候，没有历史，并且事物还简单，所以这八卦为什么缘故，要画这样一个形象，却无从知道。伏羲氏死了以后，便是神农氏做皇帝；那个时候，社会渐渐开明，事物比以前多了，那简单的八卦，渐渐里不够用起来了。

所以到黄帝的时候，有一个仓颉便照着万物的形象，造起字来。譬如，"日"字作⊙，像太阳的形象；"月"字作☽，像月亮的形象；"鸟"字作🐦，"鱼"字作🐟，像鸟鱼的形象；"草"字作Ψ，"木"字作🌲，像草木的形象。这些是顶早造的字，就叫做"象形"字。

但是有形可以像的，才可以造象形字；没有形可以像的，便又想出一种法子来。譬如"上"字作⊥，"下"字作丅，"立字"作🧍，上、下、立这些字，都是没有形可以像的，于是假定一画做个标准：在一画上面竖"丨"，便是"上"字；在一画下面竖"丨"，便是"下"字；至于"立"字这一画，又把他当作地的记号，上面写个🦅字——🦅字是古文的"大"字，"大"字本来的意义，就是"人"字——仿佛是人立在地上的样子：这种叫做"指事"字。意思是说指着这事体的样子，看了这个假定的形象，可以晓得这个字的意义。

后来还有"会意"字，是把几个字合成一个字，这几个字的意义，就是这合成的一个字的意义。譬如，"天"字从"一""大"两个字，就是说：天是第一样大的东西，没有第二样东西能比他的。"初"字的意义，是起头裁衣服，所以从"刀""衣"两个字，就是说：拿把刀去裁衣服的意思。"休"字的意义，是说人休息，所以从"人""木"两字字，就是说人坐在树木底下休息的意思。　"老"字的意义就是说老年人，所以从"人""毛""匕"，就是说：人到老了，他身上的毛，如眉毛、胡须、头发，这些东西，都是从黑颜色变化做白颜色的意思。——"匕"字就是变化的"化"字的正体。——这象形、指事、会意三种字都是从形象意义上头造出来的。

　　但是社会上的事体，是一天多一天，形象、意义，是有不够用的时候，于是又造出一种"形声"字来。什么叫做"形声"字呢？就是一边写这字的形象——就是意义，一边写这字的声音。譬如，"蘇"字，本义是紫苏，是草类的东西，所以从艸，艸字就是草木的正体——是个形；声音和"穌"字一样，所以从穌，是个声。　"喉"字本义是喉咙，喉咙在嘴里边，所以从"口"，是个形；声音和"侯"字一样，所以从侯，是个声。"響"字本义是音响，所以从音，是个形；声音和"鄉"字一样，所以从乡，是个声。"餌"字，本义是粉做的饼，可以吃的，所以从食，是个形；声音和"耳"字一样，所以从耳，是个声。自从这形声字一造，一切的东西，都可以有名目了。这是因为无论什么事物，总有个意义，所以总可以有个字去配它做形。一切事物，都是先有声音，才造文字，所以这字的声音叫什么，便可以把一个同音先造的字去配它做声。

此外还有"转注""假借"两种，我在上面已经说明，合起来叫作六书。这便是中国造文字一定不可变的规则。——章太炎先生的《中国文字略说》，见《章太炎的白话文》

（2）古籍里面有一字一句久成疑义，或为古人误解的，把他疏通证明，或把他的谬误纠正，旁征博引，发前人所未发，这种文字，叫做疏证文，又叫做"考"——也是解说文。如王念孙读《史记·孟子荀卿列传》，读到"自驺衍与齐之稷下先生如淳于髡、慎到、环渊、接子、田骈、驺奭之徒"，觉得文字上下有错乱，于是搜集本篇和本书与本句同一组织的句子来疏证其谬，而改正之，如下：

念孙案：此本作"自如驺衍与齐之稷下先生，淳于髡、慎到、环渊、接子、田骈、驺奭之徒"，"自如"者，统下之词，"稷下先生"即淳于髡诸人而言。又曰："自如淳于髡以下"；又曰："自如孟子至于吁子"；《匈奴传》曰："自如左右贤以下至当户"皆以"自如"二字连文。《田完世家》曰："自如驺衍、淳于髡、田骈、接子、慎到、环渊之徒"，此尤其明证也。后人不晓"自如"二字之义，而移"如"字于淳于髡诸人之上，则文不成义矣。——见王念孙的《读书杂志》

（3）我们看见了一个火车头，把他的形状、构造、颜色、材料描写之后，恐怕对于机械学没有相当的知识的人还是不懂，于是把他里面基本功用说明，如：怎样把锅（Boiler）里的水鼓铸成蒸气，怎样使蒸气运转圆柱（Oylinders）内的塞子（Pistons）活塞杆（Pistons rods），怎样使得运转曳转（Driving Wheels）的曲柄（Cranks）运动。这种种的说明，可以使读者不但知道他的外观，并洞悉他的作用。这种文字，便是说明书，或表明附记，或一种制造机器或建筑工程计画书——也是解说文。如：

中国实业之开发，应分两路进行，（一）个人企业、（二）国家经营是也。凡夫事物之可以委诸个人，或其较国家经营为适宜者，应任个人为之，由国家奖励，而以法律保护之。今欲利便个人企业之发达于中国，则从来所行之自杀的税制，应即废止；紊乱之货币，立须改良；而各种官吏的障碍必当排去，尤须辅之以利便交通。至其不能委诸个人及有独占性质者，应当国家经营之。今兹所论，后者之事属焉。此类国家经营之事业，必待外资之吸集、外人之熟练而有组织才具者之雇佣、宏大计划之建设，然后能举。以其财产属之国有，而为全国人民利益计，以经理之。关于事业之建设运用，其在母财、子利尚未完付期前，应由中华民国国家所雇专门练达之外人，任经营监督之责；而其条件，必以教授训练中国之佐役，俾能将来继承其任，为受雇于中国之外人必尽义务之一。及乎本利清偿而后，中华民国政府对于所雇外人，当可随意用舍矣。于详议国家经营事业开发计划之先，有四原则必当依据：

（一）必选最有利之途以吸外资。

（二）必应国民之所最需要。

（三）必期抵抗之至少。

（四）必择地位之适宜。

今据上列之原则，举其计划如下：

（一）筑北方大港于直隶湾。

（二）建铁路统系，起北方大港，迄中国西北极端。

（三）开浚运河，以联络中国北部中部通渠及北方大港。

（四）开发山西煤铁矿源，设立制铁、炼钢工厂。

上列四部，为一计划，盖彼此互相关联，举其一有以利其余也。北方大港之筑，用为国际发展实业计划之

策源地。中国与世界交通运输之关键，亦系夫此。此为中枢，其余三事旁属焉。——孙中山先生《建国方略·实业计划》

（4）又如我们信仰一种学说，深恐学者有所未解，因而把这种学说的根本方法详细说明，使多数人易于领悟，如现在新闻杂志上所载的《柏格森的哲学》《罗素的数理哲学》和《安斯坦[1]的相对论》，皆是这一类的文字——也是解说文。最好的例子是胡适之先生的《杜威论思想》，不避冗长，把它引出：

> 杜威先生的哲学的基本观念是："经验即是生活，生活即是应付环境"。但是，应付环境有高下的程度不同。许多蛆在粪窖里滚来滚去，滚上滚下；滚到墙壁，也会转弯子。这也是应付环境。一个蜜蜂飞进屋里打几个回旋，哧的一声直飞向玻璃窗上，头碰玻璃，跌倒在地；它挣扎起来，还向玻璃窗上飞；这一回小心了，不致碰破头；它飞到玻璃上，爬来爬去，想寻一条出路：它的"指南针"只是光线，它不懂这光明的玻璃何以不同那光明的空气一样，何以飞不出去！这也是应付环

---

〔1〕 安斯坦：通译为"爱因斯坦"。此类后同。

境。一个人出去探险，走进一个无边无际的大树林里，迷了路，走不出来了。他爬上树顶，用千里镜四面观望，也看不出一条出路。他坐下来仔细一想，忽听得远远的有流水的声音；他忽然想起水流必定出山，人跟着水走，必定可以走出去。主意已定，他先寻到水边，跟着水走，果然走出了危险。这也是应付环境。以上三种应付环境，所以高下不同，正因为知识的程度不同。蛆的应付环境，完全是无意识的作用；蜜蜂能用光线的指导去寻出路，已可算是有意识的作用了，但它不懂得光线有时未必就是出路的记号，所以它碰着玻璃就受窘了；人是有知识能思想的动物，所以他迷路时，不慌不忙地爬上树顶，取出千里镜，或是寻着溪流，跟着水路出去。人的生活所以尊贵，正为人有这种高等的应付环境的思想能力。故杜威的哲学基本观念是："知识思想是人类应付环境的工具"。知识思想是一种人生日用必不可少的工具，并不是哲学家的玩意儿和奢侈品。

总括一句话，杜威哲学的最大目的，只是怎样能使人类养成那种"创造的智慧"（Creative Intelligence），使人应付环境充分满意。换句话说，杜威的哲学的最大目的是怎样能使人有创造的思想力。

因为思想在杜威的哲学系统里占如此重要的地位，所以，我现在介绍杜威的思想论。

思想究竟是什么呢？第一，戏台上说的"思想起来，好不伤惨人也"，那个"思想"是回想，是追想，不是杜威的"思想"。第二，平常人说的"你不要胡思乱想"，那种"思想"是"妄想"，也不是杜威所说的"思想"。杜威说的思想是用已知的事物做根据，由此推测出别种事物或真理的作用。这种作用，在论理学书上叫作"推论的作用"（Iuference）。推论的作用只是从已知的物事推到未知的物事，有前者做根据，使人对于后者发生信用。这种作用，是有根据、有条理的思想作用。这才是杜威所指的"思想"。这种思想有两大特性：（一）须先有一种疑惑困难的情境做起点。（二）须有寻思搜索的作用，要寻出新事物或新知识来解决这种疑惑困难。譬如上文所举那个在树林中迷了路的人，他在树林里东行西走，迷了方向寻不出路子：这便是一种疑惑困难的情境。这是第一个条件。那迷路的人爬上树顶远望，或取出千里镜四望，或寻到流水，跟水出山：这都是寻思搜索的作用。这是第二个条件。这两个条件都很重要。人都知"寻思搜索"是很重要的，但是很少人知道疑难的境地也是一个不可少的条件。因为我们平常的动作，比如吃饭、呼吸之类，多是不用思想的动作；有时偶有思想，也不过是东鳞西爪的胡思乱想。直到疑难发生时，方才发生思想推考的作用。有了疑难的问题，便定了思想的目的；这个目的便是如何解决这个困难。有了这个目的，此时的寻思搜索便都向着这个目的上去，便不是无目的的胡思乱想了。所以杜威说："疑难的问题，定思想的目的；思想的目的，定思想的进行"。

杜威论思想，分作五步说：（一）疑难的境地；（二）指定疑难之点究竟在什么地方；（三）假定种种解决疑难的方法；（四）把每种假定所涵的结果，一一想出来，看那一个假定能够解决这个困难；（五）证实这种解决使人信用，或证明这种解决的谬误，使人不信用。

（一）思想的起点是一种疑难的境地……

（二）指定疑难之点究竟在何处……

（三）提出种种假定的解决方法……

（四）决定哪一种假说是适用的解决……

（五）证明……

以上说杜威分析思想的五步。这种说法，有几点很可特别注意。（一）思想的起点是实际上的困难，因为要解决这种困难，所以要思想；思想的结果，疑难解决了，实际上的活动照常进行；有了这一番思想作用，经验更丰富一些，以后应付疑难境地的本领就更增长一些。思想起于应用，终于应用；思想是运用从前的经验，来帮助现在的生活，更预备将来的生活。（二）思想的作用，不单是演绎法，也不单是归纳法；不单是从普通的定理里面演出个体的断案，也不单是从个体的事物里面抽出一个普遍的通则。看这五步，从第一步到第三步，是偏向归纳法的，是先考察眼前的特别事实和情形，然后发生一些假定的通则；但是从第三步到五步，是偏向演绎法的，是先有了通则，再把这通则所涵的意义一一演出来，有了某种前提，必然要有某种结果：更用直接或间接的方法，证明某种前提是否真能发生某种效果。懂得这个道理，便知道两千年来西洋的"法式的论理学"（Formal Logic）单教人牢记 AEIO 等等法式和求同求异等等细则，都不是训练思想力的正当方法。思想的真正训练，是要使人有真切的经验来作假设的来源；使人有批评判断种种假设的能力；使人能造出方法来证明假设的是非真假。

杜威一系的哲学家论思想的作用，最注意"假设"。试看上文所说的五步之中，最重要的就是第三步。第一步和第二步的工夫只是要引起第三步的种种假设；以下第四第五两步，只是把第三步的假设演绎出来，加上评判，加上证验，以定那种假设是否适用的解决方法。这第三步的假设是承上启下的关键，是归纳法和演绎法的关头。我们研究这第三步，应该知道这一步在临时思想的时候是不可强求的；是自然涌上来，如潮水一样，压制不住的；它若不来时，随你怎样搔头抓耳，挖尽心血，都不中用。假使你在大树林里迷了路，你脑子里熟读的一部穆勒《名学》或陈文《名学讲义》，都无济于事，都不能供给你"寻着流水，跟着水走出去"的一个假设的解决。所以思想训练的着手工夫在于使人有许多活的学问知识。活的学问知识的最大来源，在于人生有意识的活动。从活动事业得来的经验，是真实可靠的学问知识。这种有意识的活动，不但能增加我们假设意思的来源，还可训练我们时时刻刻拿当前的问题来限制假设的范围，不至于上天下地地胡思乱想。还有一层，人生实际的事业，处处是实用的，处处用效果来证实理论，可以养成我们用效果来评判假设的能力，可以养成我们的实验的态度。养成了实验的习惯，每起一个假设，自然会推想到它所涵的效果，自然会来用这种推想出来的效果来评判原有的假设的价值。这才是思想训练的效果，这才是思想能力的养成。——《胡适文存》

（5）又如遇见历史的事实，一人的行为的奇特，把他的原因结果推阐出来，或把他行为的动机解释出来，这种文字，往往见之于叙事文——传记、历史、小说等等——也是解说文。如：

维昔黄帝，法天则地。四圣尊序，各成法度，唐尧逊位，虞舜不台，厥美帝功，万世载之。作《五帝本纪》第一。

……

维三代尚矣，年纪不可考，盖取之谱牒旧闻，本于兹，于是略推，作《三代世表》第一。

……

维三代之礼所损益各殊务，然要以近情性，通王道，故礼因人质为之节文，略协古今之变。作《礼书》第一。

……

太伯避历，江蛮是适，文武攸兴，古公王迹。阖庐弑僚，宾服荆楚；夫差克齐，子胥鸱夷；信嚭亲越，吴国既灭。嘉伯之让，作《吴世家》第一。

……

末世争利，维彼奔义；让国饿死，天下称之。作《伯夷列传》第一。

……

自三代以来，匈奴常为中国患害，欲知疆弱之时，设备征讨，作《匈奴列传》第五十。

……

"于戏！余维先人尝掌斯事，显于唐虞，至于周，复典之，故司马氏世主天官。至于余乎，钦念哉！钦念哉！"罔罗天下放失旧闻，王迹所兴，原始察终，见盛观衰，论考之行事，略推三代，录秦汉，上记轩辕，下至于兹，著十二本纪，即科条之矣。并时异世，年差不明，作十表。礼乐损益，律历改易，兵权山川鬼神，天人之际，承敝通变，作八书。二十八宿环北辰，三十辐共一毂，运行无穷，辅拂股肱之臣配焉，忠信行道，以奉主上，作三十世家。扶义俶傥，不令己失时，立功名于天下，作七十列传。凡百三十篇，五十二万六千五百字，为《太史公书》。序略。以拾遗补艺，成一家之言，厥协《六经》异传，整齐百家杂语，藏之名山，副在京师，俟后世圣人君子。第七十。

　　太史公曰："余述历黄帝以来至太初而讫，百三十篇"。

　　——《史记·太史公自序》

我们读了上面几篇文字，可以晓得解说文是什么，并且可以晓得解说文和叙事文、描写文的区别了。

第二节　解说文的要素

解说文的目的是：向读者说明一件事理，使他们了然它的内容和意义。那末，做者对于他所解说的物事，必要澈底了解，又要用一种方法，使人一见就明白。所以这种文字有两个要素：

（一）明晰

我们对于明晰的意义有两个解释。一个是要我们对于所要解释的物事要澈底了解，这是已经说过的了；一个是我们自己澈底了解了，假使像林琴南那样"吾识其理，乃不能道其所以然"，还是没用。其实不能了于口，或明白的写出来，实是心里未十分明白。所以要说得明白，写得明白，还是先要心里对于这个题旨，十分明白，不然，勉强写出，一定是"隔靴搔痒"。

苏子瞻平生诗酒风流，对于酒的酿法很研究，所以他作的《酒经》一篇，也就非常明晰，现在我把他写在下面：

> 南方之氓，以糯与秫杂以卉药而为饼，嗅之香，嚼之辣，揣之栩然而轻，此饼之良者也。吾始取面而起肥之，和之以姜液蒸之，使十裂，绳穿而风戾之，愈久而

益悍，此曲之精者也。米五斗为率，而五分之，为三斗者一，为五升者四。三斗者以酿，五升者以投，三投而止，尚有五升之赢也。始酿以四两之饼，而每投以二两之曲，皆泽以少水，取足以散解而匀停也。酿者必瓮按而井泓之，三日而井溢，此吾酒之萌也。酒之始萌也，甚烈而微苦，盖三投而后平也。凡饼烈而曲和，投者必屡尝而增损之，以舌为权衡也。既溢之，三日乃投，九日三投，通十有五日而后定也。既定，乃注以斗水，凡水必熟而冷者也。凡酿与投，必寒之而后下，此炎州之令也。既水，五日乃筹，得二斗有半，此吾酒之正也。先筹半日，取所谓赢者为粥，米一而水三之，揉以饼曲，凡四两，二物并也。投之糟中，熟捆而再酿之，五日，压得斗有半，此吾酒之少劲者也。劲、正合为四斗，又五日而饮，则和而力、严而不猛也。筹绝不旋踵而粥投之，少留，则糟枯中风而酒病也。酿久者，酒醇而丰，速者反是，故吾酒三十日而成也。

(二) 兴趣

但是有些人他对于一个问题或是一件物事的现象，晓得很清楚，关于这个问题或这件物事的事实，也晓得的很多，或则可以说全局在胸；然而他说出话来或作出文来，往往犯了宽泛、空想、杂乱无章或轻重倒置的毛病，也是"吃力不讨好"，引不起听者或读者的兴趣来。这个病根在什么地方呢？依然是忽略或轻视文字组织的基本要素——统一、联络和重点。这三个要素又刚刚地在解说文中与在叙述文和描写文中居同一重要的地位的缘故。

（1）统一。在解说文中，要保持统一，首先要限制题旨，就是要选择这个问题中我最了解的一部分，而又在普通文字范围内可以发挥的。譬如我们作描写火车头的文字，可以专门描写中国的火车头或日本的火车头为题旨的限制；描写做酒的制造可以以专门描写中国制酒法，或再缩小一步，描写南方制酒法，为题旨的限制。用这种方法，我们可以排除许多破坏文字统一的材料。

（a）界说。题旨限制了以后，最好的方法是把他下一个很明确的界说或定义。因为读者所想的与作者所想的，往往可能背道而驰；除非你把你所要解说的问题的界限，划得清清楚楚。

（b）种类与差德。怎样才能够把一个要解说的问题的界限划得清清楚楚呢？换一句话说，怎样能够给这个所要解说的问题一个界说呢？

第一要表明这个问题属于那一种；第二要表明属于那一类；第三要表明这类与别类的不同的是什么——差德。我现在索性引杜威先生的话来把界说、种类和差德解释一下。他说：

> "界说"是表明"类"的唯一法门。做界说唯一的
> 要务，就是在先定"大类"，再加"差德"；我们认识
> 这样东西的大类，还认识它的差德，才是真能算知道这
> 个东西。——见杜威的《思想之派别》

他又说：

> 我们更要知道类之为物，不是孤立的，是上下有系
> 统的。"类"的上面还有"种"。在譬如我们认定牛马，
> 从牛马上面推，则哺乳动物为种，而牛马为类；再从上
> 推，则动物为种，而哺乳动物为类。从牛马下面推，则
> 牛马为种，而黄牛、黑牛，黄马、黑马，又为类
> 了。——同前文

杜威先生前段所谓"大类"就是后段所谓"种"。我们
无论选择那种题旨，都先要表明这个题旨的种类与差德。譬
如，胡适之先生的《杜威论思想》。

　　首先把杜威的哲学基本观念"知识思想是人生应付
环境的工具"，次则就把他的思想论的特质说出：不是

"戏台上说的'思想起来好不伤惨人也'"的那种"回想"或"追想,"也不是"平常人说的'你不要胡思乱想'"那种的"妄想",他"说的思想是用已知的事物做根据,由此推测出别种事物或真理的作用"。

又如苏子瞻作《酒经》,首先提出"南方之氓"四字,可见得他说的酿酒法,是南方的酿酒法,不是北方的酿酒法;次则提出"吾始取面而肥之……"一句,可见他说的酿酒法,又是他采取南方的酿酒原料而掺以他自己的主张的酿酒法,界说都非常的明显,绝不致令人见了发生误会。既不致发生误会,则读者便可了解他解说的内容,自然是快活的。那末,这文字的兴趣,便是统一的界说替他保持的了。

(C) 区分。我们遇到一个要解说的题目,既然把他的界说弄清楚了,然后就要根据这个界说把他里面须要解说的问题划成部分,有主要的,有次要的,这就叫做"区分"(Division)。这种区分是从界说里抽绎出来的。譬如胡适的《杜威论思想》,既把他的界说——"知识思想是人生应付环境的工具"定了,然后便把这个问题分作五步:(一)疑难的境地;(二)指定疑之点究在什么地方;(三)假定种种解决疑难的方法;(四)把每种假定所涵的结果,一一想出来,看那一个假定能够解决这个困难;(五)证实这种解决使人信用;或证明这种解决的谬误,使人不信用。又如章太炎先生解说"六书"的意义，首先他拿"社会渐渐开明，事物比以前要多了，那个……渐渐不够用起来了"这个基本观念做"六书"相继发生的理由，于是顺有"象形""指事""会意""形声""转注""假借"自然的区分，处处都向着那个基本观念走，所以说得"语不离宗"。这还不甚明白，我再拿《左传》上一段文字来做个例：

> 九月，丁卯，子同生，以太子生之礼举之。接以太牢，卜士负之，士妻食之；公与文姜、宗妇命之。公问名于申繻。对曰："名有五：有信，有义，有象，有假，有类。以名生为信，以德命为义，以类命为象，取于物为假，取于父为类。不以国，不以官，不以山川，不以隐疾，不以畜牲，不以器币。周人以讳事神，名终将讳之。故以国则废名，以官则废职，以山川则废主，以畜牲则废祀，以器币则废礼。晋以僖侯废司徒，宋以武公废司空，先君献武废二山，是以大物不可以命。"公曰："是其生也，与吾同物，命之曰同。"——桓公六年

申繻说"命名"，以"信、义、象、假、类"为基本观念，就是他对于"命名"定的界说；又据以提出"以名生"

"以德命""以类命""取于物""取于父"做为[1]他区分的注脚，然后反复解说，而终结以"大物不可以命"。文字中天然区分，如指诸掌，学者一读自然明白，不须解释。

（2）联络。解说文的联络方法，应注意以下四事：

（a）纲领。做解说文的时候，既然把他的区分划出来了，就应照着他关系的轻重，分出先后的次序，如《杜威论思想》上的第一步、第二步以至第五步，使他互相关联，不致屹然独立，或颠倒失序。

（b）重要的句子。纲领的次序排好以后，把各纲领的主要意义揭示出来，如《杜威论思想》的五步的第一步那一段的主要句子，就是头一句"上文说过，杜威一派的学者认定思想为人类应付环境的工具。人类的生活，若是处处没有障碍，时时方便如意，那就用不着思想了。但是人生的环境，常有更换，常有不测的变迁。"第二步那一段的主要句子是："有些疑难是很容易指定的……但是有许多疑难，我们虽觉得是疑难，但一时不容易指定究竟那一点是疑难的真问题。"第三步那一段的是："既经认定疑难在什么地方，稍有经验的人，自然会从所有的经验、知识、学问里面，提出种种的解决方法。"第四步那一段是："有时候，一个疑难的问题能引起好几个假设的解决法。"第五步那一段的是："第四步所

---

[1] 做为：今写作"作为"。此类后同。

采用的解决法，还只是假定的，究竟是否真实可靠，还不能十分确定，必须有实地的证明，方才可以使人信仰；若不能证实，便不能使人信用，至多不过是一个假定的例罢了。"——参看《胡适文存》的原文。

（c）转词。但是上面所引《杜威论思想》的五段文的主要句子，都是有次序的数目字在每个纲领之前做他们的联络的，有时这些次序的数目字不能用，他们的次序的联络只得另外设法子了。用相当的转词做他们的联络的媒介，如章太炎的《中国文字略说》的七段文字是用"不过""所以""但是""后来""但是"和"此外"，等等，便是这个例子。

（d）结论。我们做解说文的联络还有一个法子，就是于每段之终，把本段的意思用简短的言语总结一下，使读者回顾前景，可以增加他的兴趣，又可推论出下段的意思，这种联络也很自然，与在每段之首提出主要的句子同一功用。请看蔡元培的《国立北京大学校旗图说》一篇，便可明白：

> 各国的国旗，虽然也有采用天象、动物、王冠等等图案，但是用色彩作符号的占多数。法国三色旗，说是自由、平等、博爱三大主义的符号，是最彰显明著的。我国国旗用五色，说是表示五族共和，也是这一类。我们现在所定的校旗，右边是横列的红蓝黄三色，左边是纵列的白色，又于白色中间缀黑色的"北大"两篆文，

并环一黑圈，这是借作科学、哲学、玄学的符号。

我们都知道：各种色彩，都可以用日光七色中几色化成。我们又都知道：日光中七色，又可用三种主要色化成的。现在通行三色印刷术，就是应用这个原理。科学界的关系，也是如此。世界事物虽然复杂，总可以用科学说明它们；科学的名目，虽然也很复杂，总可以用三类包举它们。那三类呢？第一，是现象的科学，如物理、化学等等；第二，是发生的科学，如历史学、生物进化学等等；第三，是系统的科学，如植物、动物、生理学等等。我们现在用红蓝黄三色，作这三类科学的符号。

我们都知道：白是七色的总和，自然也就是三色的总和了。我们又都知道：有一种哲学，把种种自然科学的公例贯串起来，演成普遍的原理，叫作自然哲学。我们又都知道：有几派哲学，把自然科学的原理，应用到精神哲学，又把各方面的原理，统统贯串起来，如英国斯宾塞尔氏的综合哲学，法国孔德氏的实证哲学就是。这种哲学，可以算是科学的总合，我们现在用总合七色的白色来表示它。

但是人类求知的欲望，决不能以综合哲学与实证哲学为满足，必要侵入玄学的范围。但看法国当实证哲学盛行以后，还有博格森的玄学，很受欢迎，就可算最显的例证了。玄学的对象，叔本华叫它作"没有理解的意志"，斯宾塞尔叫它作"不可知"，哈特曼叫它作"无意识"，道家叫作"玄"，释家叫作"涅槃"。总之，不能用科学的概念证明，全要用玄学的直觉照到的就是了。所以我们用没有颜色的黑色来代表它。

大学是包容各种学问的机关。我们固然要研究各种科学，但不能就此满足，所以研究融贯科学的哲学，但也不能就此满足，所以又研究根据科学而又超绝科学的玄学。科学的范围最广，哲学是窄一点儿，玄学更窄一点儿。就分门研究说：研究科学的人最多，其次哲学，其次玄学。就一人经历说：研究科学的时间最多，其次哲学，其次玄学。所以校旗上面，红蓝黄三色所占的面积最大，白次之，黑又次之。

这就是国立北京大学校旗所以用这几种色，而这几种色所占面积又不相同的缘故。

你看他各段之末都有一句结论，如：

（a）"这是借作科学、哲学、玄学的符号。"

（b）"我们现在用红蓝黄三色，作这三类科学的符号。"

（c）"这种哲学，可以算是科学的总合，我们现用总合七色的白色来表示它。"

（d）"所以我们用没有颜色的黑色来代表它。"

（e）"所以校旗上面红蓝黄三色所占的面积最大，白次之，黑又次之。"

是何等明晰！何等的衔接！这种文字最宜于初学作文的模范。

（3）重点。解说文的重点的方法，大概同叙述文、描写文仿佛。如：

（a）空间的重点。遇到重要的地方，详细的说明一下，可以占了很大的地方，使人起一种强烈的注意和感情。

（b）位置的重点。就是把重要的放在前或后，提起人的注意，或引起人的回想。

后一条——位置的重点——前面已说过，不再赘述。现在只提出关于解说文的重点的一个条件：

（c）重要关系的事实说明。演说或作文，或遇到关系重要的事实，必须声明或申述的时候，应在开始的时候说明或插叙在中间。

如梁启超的《无枪阶级对有枪阶级》的头一段：

　　学校里的讲演，应该是讨论学术，我忽然拈出"无枪阶级对有枪阶级"这个怪题，像是很不该。但我想，所谓学术者，并不是专记诵那死的学理，还要兼研究那活的实际问题。我们无论对于那门学术，总应该采取这种态度。法政学校学生的态度该怎样呢？自然是要应用法政学理来解决法律上、政治上、经济上种种问题，遇有这类目前切要问题，为国人所急欲解决而未能解决者，我们便应该从四方八面想出个解决方法供国人采择，这是法政学生应有的特别责任。现在的中国，人民厌苦兵祸，可算得全国人心理所同然，但是苦无救济之法。质而言之，裁兵问题，便是关于我们个人生死、国家存亡最痛切的问题。今天所讲，就是把我个人对于这问题的意见，提出来请教诸君。我讲演之前要先声明一句：我的话丝毫不含煽动性质，我是完全拿学者的态度来讨论政治学上的实际问题。我确信这问题是我们应该讨论，而且人人都有权讨论的。——见《梁任公先生最近讲演集》

这一段是：一方申述他要提出这个问题的理由；一方表

明他讲演这个问题的态度。是演说时一个最好的"开场白"！
又如：

……简单说一句，实业界的新人物新方法，对于那旧的，已经到取而代之的地位了。所以有几家办得格外好的，不唯事事不让外国人，只有比他们还要崭新进步。刚才所说的是组织方面，至于技术方面，也是同样的进化。前几天有位朋友和我说一段新闻，我听了甚有感触，诸君若不厌麻烦，请听我重述一番。据说北京近来有个制酒公司，是几位外国留学生创办的，他们卑礼厚币，从绍兴请了一位制酒老师傅来。那位老师傅头一天便设了一座酒仙的牌，要带领他们致敬尽礼的去礼拜。这班留学生，自然是几十个不愿意，无奈老师傅说不拜酒仙，酒便制不成，他负不起这责任，那些留学生因为热心学他的技术，只好胡乱陪着拜了。后来这位老师傅很尽职地在那里日日制酒，却是每回所制总是失败；这几位学生在旁边研究了好些日子，知道是因南北气候和其他种种关系所致，又发明种种补救方法，和老师傅说，老师傅总是不信。后来这些学生用显微镜把发酵情状打现出来给老师傅瞧，还和他说明所以然之故。老师傅闻所未闻，才恍然大悟地说道："我向来只怪自己拜酒仙不诚心，或是你们有什么冲撞；如今才明白完全不是那么一回事!"从此老师傅和这群学生教学相长,用他的经验来适用学生们的学理,制出很好的酒来了。这段新闻,听着像很琐碎无关轻重,却是"科学的战胜非科学的"真凭实据。又可见青年人做事,要免除老辈的阻力而且得他的帮助也并非难;只要你有真实学问,再把热诚贯注过去,天下从没有办不通的事啊。……

这也是梁先生的《辛亥革命之意义与十年双十节之乐观》那篇演说里的一段言语。照他的本质看来,原来是叙述文;而他在本篇中的关系,却是解说文的性质,因为引这段故事的目的,在给"实业界的新人物新方法,对于那旧的,已经到取而代之的地位了"和"科学的战胜非科学的"一个"真凭实据"——这样插叙的解说文,也是增加重点的气力的好方法。

第五章　论辩文

第一节　论辩文的目的和类别

我们对于一个问题发表一种主张或是对于一个物事的性质、功用、效率、美恶下一种批评，或是对于人家的主张表示赞成或反对的态度；或是对于一个人、一个团体、一个党派发表一种劝告或觉书[1]——由这种种目的所发表的文字，都叫做论辩文。若分开来说："对于一个问题，发表一种主张"的是论说文；"对于一个物事的性质、功用、效率、善恶下一种批评"的是批评文；"对于人家的主张表示赞成或反对的态度或是答辩人家反对自己的主张"的是辩驳文；"对于一个人、一个团体、一个党派发表劝诱或忠告"的是

---

〔1〕　觉书：外交文书的一种，也称备忘录。

诱导文。

什么样的是论说文呢？请看下面的两篇文字：

（1）"平民文学"这四个字，字面上极易误会，所以我们先得解说一回，然后再行介绍。

"平民的文学"正与贵族的文学相反。但这两样名词，也不是十分拘泥。我们说贵族的平民的，并非说这种文学是专做给贵族或平民看，专讲贵族或平民的生活，或是贵族或平民自己做的；不过说文学的精神的区别，指它普通与否、真挚与否的区别。

中国现在成了民国，大家都是公民。从前头上顶了一个皇帝，那时"率土之滨，莫非王臣"，大家便同是奴隶，向来没有贵族、平民这名称阶级。虽然大奴隶对于小奴隶，上等社会对于下等社会，大有高下，但根本上原是一样的东西。除去当时的境遇不同以外，思想趣味，毫无不同，所以在人物一方面上，分不出什么区别。

就形式上说，古文多是贵族的文学，白话多是平民的文学。但这也不尽如此。古文的著作，大抵偏于部分的、修饰的、享乐的或游戏的，所以确有贵族文学的性质。至于白话，这几种现象，几乎可以没有了。但文学上原有两种分类，白话固然适宜于"人生艺术派"的文学，也未尝不可做"纯艺术派"的文学。纯艺术派以造成纯粹艺术品为艺术唯一之目的，古文的雕章琢句，自然是最相近；但白话也未尝不可雕琢，造成一种部分的、修饰的、享乐的、游戏的文学，那便是虽用白话，也仍然是贵族的文学。譬如古铜铸的钟鼎，现在久已不适实用，只能尊重它是古物，收藏起来；我们日用的器具，要用瓷的盘碗了。但铜器现在固不适用，瓷的也只是作成盘碗的适用。倘如将可以做碗的瓷，烧成了二三尺高的五彩花瓶，或做了一座纯白的观世音，那时我们也只能将它同钟鼎一样珍重收藏，却不能同盘碗一样适用。因为它虽然是一个艺术品，但是一个纯艺术品，不是我们的所要求的人生的艺术品。

照此看来，文字的形式上，是不能定出区别，现在再从内容上说。内容的区别，又是如何？上文说过贵族文学形式上的缺点，是偏于部分的、修饰的、享乐的或游戏的；这内容上的缺点，也正如此。所以平民文学应该着重与贵族文学相反的地方，是内容充实，就是普遍与真挚两件事。第一，平民文学应以普通的文体，写普通的思想与事实。我们不必记英雄豪杰的事业，才子佳人的幸福，只应记载世间普通男女的悲欢成败。因为英雄豪杰、才子佳人，是世上不常见的人；普通的男女是大多数，我们也便是其中的一人，所以其事更为普遍，也更为切己。我们不必讲偏重一面的畸形道德，只应讲说人间交互的实行道德。因为真的道德，一定普遍，决不偏枯。天下决无只有在甲应守、在乙不必守的奇怪道德。所以愚忠愚孝，自不消说，即使世间男人多数最喜说的殉节守贞，也不合理，不应提倡。世上既然只有一律平等的人类，自然也有一种一律平等的道德。第二，平民文学应以真挚的文体，记真挚的思想与事实。既不坐在上面，自命为才子佳人，又不立在下风，颂扬英雄豪杰。只自认是人类中的一个单体，浑在人类中间，人类的事，便也是我的事。我们说及切己的事，那时心急口忙，只想表出我的真意实感，自然不暇顾及那些雕章琢句了。譬如对众表白意见，虽可略加努力，说得美妙动人，却总不至于诌成一支小曲，唱得十分好听，或编成一个笑话，说得哄堂大笑，却把演说的本意没却了。但既是文学作品，自然应有艺术的美，只须以真为主，美即在其中，这便是人生的艺术派的主张，与以美为主的纯艺术派，所以有别。

平民文学的意义，照上文所说，大略已可明白。还有我所最怕被人误会的两件事，非加说明不可——

第一，平民文学决不单是通俗文学。白话的平民文学比古文原是更为通俗，但并非单以通俗为唯一之目的。因为平民文学，不是专做给平民看的，乃是研究平民生活——人的生活——的文学。它的目的，并非想将人类的思想趣味，竭力按下，同平民一样，乃是想将平民的生活提高，得到适当的一个地位……

第二，平民文学决不是慈善主义的文学。在现在平民时代，所有的人，都只应着自立与互助两种道德，没有什么叫作慈善……平民文学所说，是在研究全体的人的生活，如何能够改进到正当的方向，决不是说施粥施棉衣的事……——周作人的《平民文学》，见《点滴》

（2）老子曰："至治之极，邻国相望，鸡狗之声相闻；民各甘其食，美其服，安其俗，乐其业，至老死不相往来。"必用此为务，挽近世，涂民耳目，则几无行矣。

太史公曰："夫神农以前，吾不知已。至若《诗》《书》所述，虞、夏以来，耳目欲极声色之好，口欲穷刍豢之味，身安逸乐而心夸矜势能之荣，使俗之渐民久矣。虽户说以眇论，终不能化。故善者因之，其次利道之，其次教诲之，其次整齐之，最下者与之争。"

夫山西饶材、竹、谷、纑、旄、玉石；山东多鱼、盐、漆、丝、声色；江南出柟、梓、姜、桂、金、锡、连、丹沙、犀、玳瑁、珠玑、齿革；龙门、碣石北多马、牛、羊、旃裘、筋角、铜、铁，则千里往往山出棋置，此其大较也。皆中国人民所喜好，谣俗被服饮食、奉生送死之具也。

故待农而食之，虞而出之，工而成之，商而通之。此宁有政教发征期会哉？人各任其能，竭其力，以得所欲。故物贱之征贵，贵之征贱，各劝其业，乐其事，若水之趋下，日夜无休时，不召而自来，不求而民出之。岂非道之所符，而自然之验邪？

《周书》曰："农不出则乏其食，工不出则乏其事，商不出则三宝绝，虞不出则财匮少。"财匮少而山泽不辟矣。此四者，民所衣食之原也。原大则饶，原小则鲜，上则富国，下则富家。贫富之道，莫之夺予，而巧者有余，拙者不足。

故太公望封于营丘，地潟卤，人民寡。于是太公劝其女功，极技巧，通鱼盐，则人物归之，襁至而辐凑。故齐冠带衣履天下，海岱之间敛袂而往朝焉。其后，齐中衰，管子修之，设轻重九府，则桓公以霸，九合诸侯，一匡天下，而管氏亦有三归，位在陪臣，富于列国之君。是以齐富强至于威、宣也。

故曰："仓廪实而知礼节，衣食足而知荣辱。"礼生于有，而废于无。故君子富，好行其德；小人富，以适其力。渊深而鱼生之，山深而兽往之，人富而仁义附焉。富者得势益彰，失势则客无所之，以而不乐。谚曰："千金之子，不死于市。"此非空言也。故曰："天下攘攘，皆为利来；天下壤壤，皆为利往。"夫千乘之王，万家之侯，百室之君，尚犹患贫，而况匹夫编户之民乎！——《史记·货殖列传》

第一篇文字，周作人先生提出"研究平民生活——人的生活——的文学"，做他的平民文学的主张；第二篇虽说在列传里面，可以说是司马迁的一篇"古代经济思想的起源论"。他对于经济思想发生的基本观念，只是"道之所符，而自然之验"一句，至于他解决经济问题的方法，是"上者因之，其次利道之，其次教诲之，最下者与之争"。以上两篇都是论说文。那末，什么样的是批评呢？再看下面的两个例子：

（1）吴公子札来聘，见叔孙穆子，说之。谓穆子曰："子其不得死乎？好善而不能择人。吾闻君子务在择人。吾子为鲁宗卿，而任其大政，不慎举，何以堪之？祸必及子。"请观于周乐。使工为之歌《周南》《召南》。曰："美哉！始基之矣，犹未也。然勤而不怨矣。"

为之歌《邶》《墉》《卫》，曰："美哉！渊乎！忧而不困者也。吾闻卫康、叔武公之德如是，是其《卫风》乎？"

为之歌《王》，曰："美哉！思而不惧，其周之东乎！"

为之歌《郑》，曰："美哉！其细已甚，民弗堪也，是其先亡乎！"

为之歌《齐》，曰："美哉！泱泱乎，大风也哉。表东海者，其太公乎！国未可量也。"

为之歌《豳》，曰："美哉！荡乎！乐而不淫，其周公之东乎！"

为之歌《秦》，曰："此之谓夏声。夫能夏则大，大之至也，其周之旧也！"

为之歌《魏》，曰："美哉！沨沨乎，大而婉，险而易，行以德辅，此则明主也！"

为之歌《唐》，曰："思深哉！其有陶唐氏之遗民乎！不然，何忧之远也？非令德之后，谁能若是！"

为之歌《陈》，曰："国无主，其能久乎！自《郐》以下无讥焉。"

为之歌《小雅》，曰："美哉！思而不贰，怨而不言，其周德之衰乎！犹有先王之遗民焉！"

为之歌《大雅》，曰："广哉！熙熙乎！曲而有直体，其文王之德乎！"

为之歌《颂》，曰："至矣哉！直而不倨，曲而不屈，迩而不逼，远而不携，迁而不淫，复而不厌，哀而不愁，乐而不荒，用而不匮，广而不宣，施而不费，取而不贪，处而不底，行而不流。五声和，八风平；节有度，守有序，盛德之所同也!"

见舞《象箾》《南籥》者，曰："美哉! 犹有憾!"

见舞《大武》者，曰："美哉! 周之盛也，其若此乎?"

见舞《韶濩》者，曰："圣人之弘也，而犹有惭德，圣人之难也!"

见舞《大夏》者，曰："美哉! 勤而不德，非禹，其谁能修之?"

见舞《韶箾》者，曰："德至矣哉! 大矣! 如天之无不帱也，如地之无不载也。虽甚盛德，其蔑以加于此矣! 观止矣，若有他乐，吾不敢请已。"

其出聘也，通嗣君也。故遂聘于齐，说晏平仲，谓之曰："子速纳邑于政。无邑无政，乃免于难。齐国之政，将有所归；未获所归，难未歇也。"故晏子因陈桓子以纳政与邑，是以免于栾、高之难。

聘于郑，见子产，如旧相识，与之缟带；子产献纻衣焉。谓子产曰："郑之执政侈，难将至矣，政必及子。子为政，慎之以礼；不然，郑国将败。"

适卫，说蘧瑗、史狗、史鳅、公子荆、公叔发、公子朝，曰："卫多君子，未有患也。"

自卫如晋，将宿于戚。闻钟声焉，曰："异哉！吾闻之也：'辩而不德，必加于戮。'夫子获罪于君，以在此。惧犹不足，而又何乐？夫子之在此也，犹燕之巢于幕上。君又在殡，而可以乐乎？"遂去之。文子闻之，终身不听琴瑟。

适晋，说赵文子、韩宣子、魏献子，曰："晋国其萃于三族乎！"说叔向，将行，谓叔向曰："吾子勉之！君侈而多良；大夫皆富，政将在家。吾子好直，必思自免于难。"——《左传》襄公二十九年

（2）……并世所见，王闿运能尽雅，其次吴汝纶以下有桐城马其昶为能尽俗（萧穆犹未能尽俗）。下流所仰，乃在严复、林纾之徒！复辞虽伤，气体比于制举，若将所谓"曳行作姿"者也。纾视复又弥下……夫欲物其体势，视若蔽尘，笑若龋齿，行若曲肩，自以为妍，而只益其丑也！与蒲松龄相次，自饰其辞，而只敬之，曰："此真司马迁、班固之言。"……——见《太炎文录》

这一段文字是批评近代文学的；前头那一篇是批评人乐和舞的，便都是批评文了。又什么样的是辩驳文呢？再看下面例子：

（1）二十四年春，穆叔如晋，范宣子逆之，问焉，曰："古人有言曰，'死而不朽'，何谓也？"穆叔未对，宣子曰："昔匄之祖，自虞以上为陶唐氏，在夏为御龙氏，在商为豕韦氏，在周为唐、杜氏，晋主夏盟为范氏，其是之谓乎？"穆叔曰："以豹所闻，此之谓世禄，非不朽也。鲁有先大夫曰臧文仲，既没，其言立。其是之谓乎？豹闻之，大上有立德，其次有立功，其次有立言，虽久不废，此之谓三不朽。若夫保姓受氏，以守宗祊，世不绝祀，无国无之。禄之大者，不可谓不朽。"——《左传》襄公二十四年

（2）公薨之月，子产相郑伯以如晋，晋侯以我丧故，未之见也。子产使尽坏其馆之垣，而纳车马焉。士文伯让之曰："敝邑以政刑之不修，寇盗充斥，无若诸侯之属，辱在寡君者何，是以令吏人完客所馆，高其闬闳，厚其墙垣，以无忧客使。今吾子坏之，虽从者能戒，其若异客何？以敝邑之为盟主，缮完葺墙，以待宾客。若皆毁之，其何以共命？寡君使匄请命。"

对曰："以敝邑褊小，介于大国，诛求无时，是以不敢宁居，悉索敝赋，以来会时事。逢执事之不间而未得见，又不获闻命，未知见时。不敢输币，亦不敢暴露。其输之，则君之府实也，非荐陈之，不敢输也。其暴露之，则恐燥湿之不时而朽蠹，以重敝邑之罪。侨闻

文公之为盟主也，宫室卑庳，无观台榭，以崇大诸侯之馆，馆如公寝；库厩缮修，司空以时平易道路；圬人以时塓馆宫室；诸侯宾至，甸设庭燎，仆人巡宫；车马有所，宾从有代，巾车脂辖，隶人牧圉，各瞻其事；百官居之属，各展其物；公不留宾，而亦无废事；忧乐同之，事则巡之；教其不知，而恤其不足。宾至如归，无宁灾患；不畏寇盗，而亦不患燥湿。今铜鞮之宫数里，而诸侯舍于隶人，门不容车，而不可逾越；盗贼公行，而天厉不戒。宾见无时，命不可知。若又勿坏，是无所藏币以重罪也。敢请执事：将何以命之？虽君之有鲁丧，亦敝邑之忧也。若获荐币，修垣而行，君之惠也，敢惮勤劳！"

文伯复命，赵文子曰："信。我实不德，而以隶人之垣，以嬴诸侯，是吾罪也。"使士文伯谢不敏焉。

晋侯见郑伯，有加礼，厚其宴好而归之，乃筑诸侯之馆。叔向曰："辞之不可以已也如是夫！子产有辞，诸侯赖之，若之何其释辞也？《诗》曰：'辞之辑矣，民之协矣；辞之绎矣，民之莫矣。'其知之矣。"——《左传》襄公三十一年

前边两篇文字是辩驳文字中的答辩体，不过第一篇是友朋间和平的讨论；后一篇是国际间一面带着责问的态度，一

面含有抗辩的性质。至于近世论辩文字，以我所见，其平易近人而又雅俗共赏、不背逻辑的，无过于章士钊先生的作品，现在不能具引，仅节录一二节以见一斑：

（3）愚熟观严论，而见其最为惶惑者，则民约之所自起也。其言曰："草昧之民，其神明既为迷信之所深拘，其形骸又为阴阳之所困厄，忧疑好杀，家相为仇。是故初民号为最苦……卢梭之所谓民约，吾不知约于何世也？"此即生物学家所以窘卢梭者，实则初民相争好杀之相，郝伯思立说，已想像及之，并非生物学家之所创论。即在吾国，柳子厚作《封建论》，已能言其梗概，此先郝伯思又近千年矣。唯有当注意者，则二子之所推论，虽与生物学者，约略相通，而后者以证民约之不可能，前者则转以为民约之所由始。郝之言曰："民之始，犹禽兽也，离群处独，狞毅犷愚，人以其一而与其群为战。当此之时，其小己之自由，固甚大也。然而弱肉强食，昼夜喘喘，无一息之休居，不得已乃相约而为群焉。"是所谓约，即约于弱肉强食之时也。柳之言曰："彼其初与万物皆生，草木榛榛，鹿豕狉狉，人不能搏噬，而且无毛羽，莫克自奉自卫。荀卿有言：'必将假物以为用者也。'夫假物者必争，争而不已，必就其能断曲直者，而听命焉。其智而明者，所伏必众。告之以直而不改，必痛之而后畏，由是君长刑政生焉。"兹虽未明言约，而争者皆愿听命于能断曲直者，非有约胡能？是所谓约，即约于假物相争，争而不已之时也。卢梭之所言约，质虽不同，而起源大率如是。严君尝评郝说而以为似矣，顾乃不知卢梭之民约，约于何世何耶？——《读严几道〈民约平议〉》

（4）愚之所最不可解者，首在"筹安"二字。彼岂不以由我之道，国家可得长治而久安也。则所谓安者，果愚所见非谬，当以国中不见革命之祸为衡；而国中不见革命之祸，苟非国中利害冲突，质剂停匀，断乎无幸。此其理昭哉无翳，虽至愚者不能瞑目而无见也。今若于仓皇之中，推翻共和，制设帝政，此其所为影响于革命者，有二要义：一曰，己身以革命倡；一曰，认革命为宪法上之权利。此非愚一人之私言也，卜硕德之论法兰西千八百五十一年十二月二日之投票曰："票为可决，实不待言。苟一票否焉，则此一票，意在主战。故凡共和国遭逢此境，政府所事，直革命之行为。罗伯士比所用'革命'二字，其义指此，良不诬也。当是时也，造法之权，在法操之国民，而为暴力所支，不能运用。其在事实，则谁能行苟叠达者，谁即拥有造法之权耳。谁能别行一苟叠达，造法之权，又即归之。"前举二义，已可于此数语中，约略盖之，则其事正与革命为

媒，而漫曰"安焉，安焉"，此非别有奥义，为浅暗所不及知，乃自陷于矛盾而不觉矣。——见《帝政驳议》

这两段是辩驳人家的主张的文字。至于答辩人家反对议论的文字，则如：

（1）对于你们提出的重要问题："还是取革命手段呢？还是取改良手段呢？还是先破坏后建设呢？还是在恶基础上建筑好政府呢？"我们可以用你们自己的话来做答案："最好双方分工并进，殊途同归。"可改良的，不妨先从改良下手，一点一滴地改良它。太坏了不能改良的，或是恶势力偏不容纳这种一点一滴的改良，那就有取革命手段的必要了。本来破坏与建设都不是绝对的相反，它俩的关系也有点像你们说的鸡蛋与鸡的关系；有时破坏即是建设，有时建设即是破坏；有时破坏必须在先，有时破坏自然跟着建设而来，有时破坏与建设同时并进，等到鸡蛋壳破裂时，小鸡也已下地了。况且人各有偏长，而事业须合众长。烧房子有时要人做，收拾颓椽剩瓦也要人做，打图起屋也要人做。我曾说过：

君期我作玛志尼，我祝君为倭斯袜。

国事今成遍体疮，治头治脚俱所急。

我们对于国人的宣誓是：

各行其是，各司其事。

再者，我们很诚恳地替你们指出"到民间去"四个字，现在又快变成一句好听的高调了。俄国"到民间去"的运动，乃是到民间去为平民尽力，并不是到民间去运动他们出来给我们摇旗呐喊。"到民间去"乃是最和平的手段，不是革命的手段。——胡适之的《关于〈我们的政治主张〉的讨论答辩》，见民国十一年五月二十八日《努力周报》

（2）愈与进士李贺书，劝贺举进士。贺举进士有名，与贺争名者毁之，曰："贺父名晋肃，贺不举进士为是，劝之举者为非。"听者不察也，和而倡之，同然一辞。皇甫湜曰："若不明白，子与贺且得罪！"

愈曰："然。"《律》曰："二名不偏讳。"释之者曰："谓若言'征'不称'在'，言'在'不称'征'是也。"《律》曰："不讳嫌名。"释之者曰："谓若'禹'与'雨'、'丘'与'䓋'之类是也。"今贺父名晋肃，贺举进士，为犯"二名律"乎？为犯"嫌名律"乎？父名晋肃，子不得举进士，若父名"仁"，子不得为人乎？

夫讳始于何时？作法制以教天下者，非周公孔子欤？周公作诗不讳，孔子不偏讳二名，《春秋》不讥不讳嫌名。康王钊之孙，实为昭王；曾参之父名晳，曾子不讳"昔"。周之时有骐期，汉之时有杜度，此于其子宜如何讳？将讳其嫌，遂讳其姓乎？将不讳其嫌者乎？汉讳武帝名彻为"通"，不闻有讳"车辙"之辙为某字也；汉吕后名雉为"野鸡"，不闻又讳"治天下"之"治"为某字也。今上章及诏，不闻讳"浒""势""秉""饥"也。唯宦官宫妾，乃不敢言"谕"及"饥"，以为触犯。士君子言语行事，宜何所法守也？今考之于经，质之于律，稽之以国家之典，贺举进士为可邪？为不可邪？

凡事父母得如曾参，可以无讥矣；作人得如周公、孔子，亦可以止矣。今世之士，不务行曾参、周公、孔子之行，而讳亲之名，则务胜于曾参、周公、孔子，亦见其惑也。夫周公、孔子、曾参，卒不可胜；胜周公、孔子、曾参，乃比于宦官宫妾。则是宦官宫妾之孝于其亲，贤于周公、孔子、曾参者耶？"——韩愈的《讳辩》

这两篇文字的辩论的理由，就一方看来是很充分的，但我并非绝对赞成他们的主张。不过韩愈作《讳辩》，其理由，虽以现在眼光观之，觉得不甚充分，然在当时，还算是大胆。且其词锋犀利，引征翔实，很可做辩驳文的榜样。

现在要讲诱导文了。这一种文字，虽然说理，但偏于感情方面，或是出于"将成其美，匡救其灾"的意思，所以要有诚恳的态度、谦虚的辞气，又要处处留心所诱导者的心理，因势而利导之。所以这一类文字，大部分包括在书信里面。至于古代文字像《孟子》一书，差不多都是此类文字。现在只引一两条做例，等到后面书信的写法篇内，再行详细讨论。例如：

　　齐宣王问曰："交邻国有道乎？"

　　孟子对曰："有。惟仁者为能以大事小，是故汤事葛，文王事昆夷。惟智者为能以小事大，故太王事獯鬻，勾践事吴。以大事小者，乐天者也；以小事大者，畏天者也。乐天者保天下，畏天者保其国。《诗》云：'畏天之威，于时保之。'"王曰："大哉言矣！寡人有疾，寡人好勇。"对曰："王请无好小勇。夫抚剑疾视。曰：'彼恶敢当我哉！'此匹夫之勇，敌一人者也。王请大之。《诗》云：'王赫斯怒，爰整其旅。以遏徂莒，以笃周祜，以对于天下。'此文王之勇也。文王一怒而安天下之民。《书》曰：'天降下民，作之君，作之师。惟曰：其助上帝，宠之四方。有罪无罪，惟我在。天下曷敢有越厥志？'一人衡行于天下，武王耻之。此武王之勇也，而武王亦一怒而安天下之民。今王亦一怒而安天下之民，民惟恐王之不好勇也。"——《孟子》

因齐宣王好勇，遂劝他好勇以"安天下之民"，便是诱导的好法子。又如：

齐宣王问曰："人皆谓我毁明堂，毁诸？已乎？"孟子对曰："夫明堂者，王者之堂也。王欲行王政，则勿毁之乎！"王曰："王政可得闻与？"对曰："昔者，文王之治岐也，耕者九一，仕者世禄，关市讥而不征。泽梁无禁，罪人不孥。老而无妻曰鳏，老而无夫曰寡，老而无子曰独，幼而无父曰孤。此四者，天下之穷民而无告者。文王发政施仁，必先斯四者。《诗》云：'哿矣富人，哀此茕独！'"王曰："善哉言乎！"曰："王如善之，则何为不行？"王曰："寡有人疾，寡人好货。"对曰："昔者公刘好货，《诗》云：'乃积乃仓，乃裹糇粮，于橐于囊，思戢用光。弓矢斯张，干戈戚扬，爰方启行。'故居者有积仓，行者有裹粮也，然后可以爰方启行。王如好货，与百姓同之，于王何有？"王曰："寡人有疾，寡人好色。"对曰："昔者大王好色，爱厥妃。《诗》云：'古公亶父，来朝走马。率西水浒，至于岐下。爰及姜女，聿来胥宇。'当是时也，内无怨女，外无旷夫。王如好色，与百姓同之，于王何有？"——《孟子》

因齐宣王毁明堂之问，遂劝他"行王政"；因他好货，遂劝他"与百姓同之"，使"居者有积仓，行者有裹粮"；因他好色，则又劝他"与百姓同之"，使"内无怨女，外无旷夫"，真可算得善于因势利导的了！

第二节　辩证的名学

我们同人辩论的时候，必须有我们辩证的方法；这种方法，就是名学，又叫论理学，西人叫做逻辑。所以普通都叫他做"推理的科学"（The Sciencc of Reasoning），又叫他做"科学的科学"（The Science of Science）。中国自孔子起，便注重"正名"。他说："名不正，则言不顺。"不过，他只把这个意思运用到论政治上去，并没有详细说明他的方法。墨子则不然了，他说：

> 凡出言谈，则不可不先立仪而言，若不先立仪而言，譬之犹运钧之上，而立朝夕焉也。我以为虽有朝夕之辩，必将终未可得而从定也。是故言有三法。何谓三法？曰：有考之者，有原之者，有用之者。恶乎考之？考先圣大王之事。恶乎原之？察众之耳目之情。恶乎用之？发而为政乎国，察万民而观之。——《墨子·非命下》

他所谓"立仪"，就是要先定论辩的"名学"，"谓发议论若不以论理学为基础，那议论都算白发了"（见梁启超的《墨子学案》）。《墨子·小取》说：

> 夫辩也者，将以明是非之分，审治乱之纪，明同异之处，察名实之理，处利害，决嫌疑。

上边所说的那一样不是我们人生所不可缺的生活需要？于此我们可以见得论辩，或名学关系重大了。名学有两类：（A）演绎的名学；（B）归纳的名学。

（一）**演绎的名学**（Deduction）

怎样叫做演绎的名学呢？就是"自一事或一理推及他事或他理，故其为根据之事理为已知，或假设为已知；而其推得之事理为已知事理之变体或属类。"（胡明复的《科学方法论一》）

这种演绎法我们随时随地的言语动作，皆受他的支配。而且自上智以至于愚夫愚妇皆受他的支配，几而不自觉。譬如：甲不洗澡，我们便说他不讲卫生，因为讲卫生的必常洗澡。又如：我们看见墙脚下的石头上发湿，便说"呀，明天要落雨"；月亮四围有白圈，我们便说"呀，明天要刮风"，因为俗话道："月晕而风，础润而雨。"其式如下：

一、墙脚下的石头发湿要落雨。

二、现在墙脚下的石头发湿了，

三、故知要落雨。

这就是演绎法的三段论法（Deduction Syllogism），（一）是大前提（Major Premise），（二）是小前提（Minor Premise），（三）是结论（Conclusion）。怎样叫做大前提呢？就是提出一件普遍认为真实的事实的例子。怎样叫做小前提呢？就是说者或辩论者所提出与这例子同类的事物。有大前提的例子，小前提的同样推出来的便是结论。这就叫做三段论法。又如：

大前提——凡人皆有死，

小前提——孔子人也，

结论——故孔子必有死。

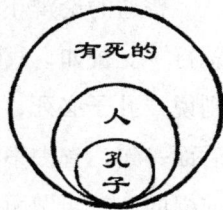

这是西洋的三段法。至于印度因名学论辩的方式则如下：

声是无常……宗

所做性故……因

譬如瓶等……喻

瓶有所做性，瓶是无常；声有

所做性，声也无常……合

是故得知声是无常……结

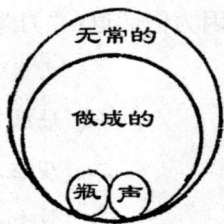

也可把他做为三段，并不失他的辩论的精神。如：

声是无常的（无常谓不能永远存在）……宗

因为声是做成的……因

凡是做成的都是无常的，例如瓶……喻

——参看胡适的《中国哲学史大纲》

普通的论辩不必用三段法，只用两段法（Enthymeme）就行了。譬如，我们说"孔子必死，因为他是一个人"，或则说"孔子必死，因为人皆有死"。前面一句，省去大前提；后面一句，省去小前提。这样的论理形式，省略大前提或小前提的，就叫做两段论法。

但是我们虽然晓得这种论证的方法，要是不"搜求一切事物的真象"和"整理各种现象相互的关系"。这种推理，非徒无益，反而有害。墨子说得好：

焉（训乃）摹略万物之然，论求群言之比。

　　就是教人不但要明白名学的形式，还要详求事理，推究因果，做名学的基础。（参看梁启超的《墨子学案》）

　　然要"搜求一切事物的真相"和"整理各种现象的关系"，又非徒用演绎的名学所能奏效。譬如《孟子》说：

　　　　杨子尊我，是无君也；墨子兼爱，是无父也。无父无君，是禽兽也。

韩愈说：

　　　　君者，出令者也；臣者，行君之令而致之民者也；民者，出粟米麻丝，作器皿，通货财，以事其上者也。君不出令，则失其所以为君；臣不行君之令而致之民，则失其所以为臣；民不出粟米麻丝，作器皿，通货财以事其上，则诛。

　　他们论证的大前提都是非"圣人之徒"违背"尧、舜、禹、汤、文武、周公、孔子之所道"，就是犯了不能"摹略万物之然，论求群言之比"的毛病。要医这种毛病，一定要用归纳的名学。

（二）归纳的名学（Induction）

怎样叫做归纳的名学呢？就是："先观察事变，审其同违，比较而审察之，分析而类别之，求其变之常，理之通，然后综合会通而成律，反以释明事变之真理。故归纳之法，其首据之事理为事实，而其归纳之结果则为通理，即实事运行之常则也。"（见胡明复的《科学方法论一》）譬如，你要到水果店里去买苹果，第一次拿了一个色青而质硬的咬了一口，又涩又缩嘴，把他丢掉了。第二次拿的一个也是又青又硬的，咬了一口，仍然是又涩又缩嘴，丢掉再咬别的，颜色、体质和味口都仍然同第一个一样。于是我们可以得了一个结论：就是：苹果之色青而质硬的，都是涩的，不好吃的。这就是归纳法。胡适先生研究"我、吾、余、予"四个字用法完全一样，搜出许多例证，便是应用这个方法。我且把他引在后面：

（A）主格。

    （1）我非生而知之者。——《论语》

    （2）吾日三省吾身。——同上

    （3）余虽为之执鞭——《史记》

    （4）予将有远行。——《孟子》

（B）一、领格，不加"之"字的。

（1）可以濯我缨。——《孟子》

（2）非吾徒也。——《论语》

（3）既无武守，而又欲易余罪。
　　——《左传》

（4）是予所欲也。——《孟子》

二、领格附加"之"字的。

（1）我之怀矣，自贻伊戚。——《左传》

（2）吾之病出。——韩愈《原毁》

（3）是余之罪也夫！——《史记》

（4）如助予之叹息。——欧修阳《秋声
　　赋》

（C）一、受格，在语词后的。

（1）明以教我。——《孟子》

（2）嫂尝抚汝指吾而言曰——韩愈《祭
　　十二郎文》

（3）女为惠公来求杀余。——《左传》

（4）尔何会比予于管仲。——《孟子》

二、受格在介词后的。

（1）为我作君臣相悦之乐。——《孟子》

（2）为吾谢苏君——《史记·张仪列传》

（3）与余通书。——《史记》

（4）天生德于予。——《论语》——见

胡适的《国语文法概论》

这是研究学问、搜集例证的归纳法，至于研究事理、搜集例证亦同。例如：

> 兴言至此，最易流于悲观，发为过激之论。愚且极力自镇，除客气务尽，而唯质之归纳之方，事实既详，然后著为概说。夫夙昔以为忧者，非外力之深入乎？而今则有加无已也。有加无已，而吾惟解所以媚之；于是媚外之道，亦与之继长而增高。前清之外部，宜望尘而莫之及也。

> 夙昔以为忧者，非财力之困乏乎？而今则有加无已也。有加无已，而吾惟知借债以弥缝之。愈弥缝而愈困乏；愈困乏而愈不得不弥缝。坐是外人益益持吾短长，国款日见押；国产日见消，路矿日见失，甚且土地日见糜也。

> 夙昔以为忧者，非人民生命财产之危险乎？而今则黄河以南，长江以北，数千里之地，悉蹂躏于豺狼，焚烧淫掠，无所不至。政府倾南北劲旅数万众以合围之，卒莫能克，不仅不能克，时乃兵匪交通，共肆荼毒也。前者南京不毁于所谓乱党，而毁于所谓国军，而今则西北之元元，困于匪而又困于兵也。

夙昔以为忧者，非行政不能统一乎？而今则内而部自为政加甚也，外而省自为政加甚也，地方财政之不可理加甚也，人民之感其痛苦又加甚也。

夙昔以为忧者，非革命之子起自田间，粗鄙近利，不解政治乎？而今则方镇大员，莫或识丁；清流之士，四方屏迹。其他贩夫、走卒、刁生、恶胥、革员、废史之蝇集蚁附，俨然操数万万人之生命于其手，而惟所割，其势日进而未有已也。

夙昔以为忧者，非天下不定，商工失所乎？而今则"兵乱日闻于郡县，盗贼遍扰于城乡，商贾不行，农机停业"（原注，此《不忍杂志》所以骂倒党人者），又烈于前也。而且武夫屠伯，奸绅猾吏，日借法律以为杀人之具，人不自保，何意谋生？因之企业愈停滞，利子愈下落，诚不知伊于胡底也！

夙昔以为忧者，非党祸之烈乎？而今则无京无外，暗斗弥厉，掌政权者非某派不能；掌兵权者，非某系莫可。大派之中，又含小派；正系之内，复分旁系。派派相牵，即系系相抵，恍若国家可亡，派若系不可乱。见象之恶，又非可以言语形容也。

凡此种种，随笔所之，已至满幅。读者试思之，此其为说，容有未然者乎？——章士钊的《政本》

由此所举事实的归纳结果，便是：袁世凯解散国会，扑灭民党以后之政治，不但不足以强国，"即自保其弱，懦夫且嫌其难"。这就是应用他"将当今时局不安，人心惶惑之象，爬罗而剔抉之，如剥蕉然，剥至终层，将有见也"的方法。归纳的名学，至此当已略得大概，本书非专讲名学之作，不能详也。不过，西洋名学的归纳法，自培根发明、穆勒发挥光大以后，欧洲的科学和文化始有此突飞之象。穆勒之归纳法的五种方法是：

（一）求同
（二）求异
（三）求同与异
（四）共变
（五）求余

耶方斯讲归纳则以归纳法只是演绎法的一种。"分开来说，归纳法有几步工夫"：

第一步，观察一些同类的"例"；
第二步，提出一个假设的通则，来说明这个"例"；
第三步，再观察一些新例，它们是否和假设的通则相符合。若无例外，这通则便可成立；若有例外，须研究此项例外，是否有可以解释的理由；若不能解释，这通则便不能成立。一个假设能不能成立，便须另寻新假设，仍从第二步做起。——胡适的《国语文法概论》

依我看来，青年初学做文或和人辩论遇有疑难问题，还是照着《杜威论思想》或穆勒所举的那五种辩证方法，一步一步的推求前去，自然得着圆满的结果。梁任公先生说名学家一段论结露的原因的文字，很是有趣，今特不避烦琐，索性把他引在下面：

我们要知道空气为什么凝结而成霜露等物。第一步，可用求同法研究它。暑天饮冰水，看见玻璃杯的外面结露；冬天外边下大雪，屋里烧着大火炉，看见玻璃窗内面结露；拿面镜子或铜墨盒盖，用口向着它呵气，它面上就结露。综合这三种现象，可以得一个公例，是："凡结露的物体，比诸四周围的空气较冷。"这算是一个原则了。但还有一种现象应该注意：夜间树叶上也结露，何以见得那块叶一定比四围的空气冷呢？这很容易证明。试用两个寒暑表，一个悬在空中，一个放在叶上，那叶上的表，一定比空中的表温度较低。可见树叶结露的原因，完全与玻璃等相同了。这就是用求同法求出来。

虽然，何以见得这一定是原因不是结果呢？或者因为结露之故，才令该物体冷了，也未可知。即不然，或者别有一个原因，而结露与物体之冷同为联带的结果，也未可知。所以这个原则是否可靠，还要用别的方法来证明。于是用求异法。同是装着冰水，为什么玻璃杯结露、瓷器杯不结露呢？同在一个滑面上呵气，为什么玻璃镜的露结得快、墨盒盖上结得慢呢？同在一个墨盒盖上呵气，为什么光滑的那部分结露多、雕刻或锈坏的那部分结露少呢？就这些异处逐一求去，可见结露之有无快慢多寡，一定和该物体更有关系了。

于是再用共变法，将各种物体一一检查，可以发现两个原则：第一，传热难的物质结露易，传热易的物质结露难。第二，散热易的物态结露易，散热难的物态结露难。即是传热难而散热易的物体，那么，一面它的外部感受冷气，就把原有的热容易散了去；一面想从别处传热量以补偿所流失，却甚过慢，它那外层的滑面，自然是要比四围空气较冷了。这就可以证明最初发现的原则，一点都不错。

最后更用同异交得法以来证实它。试取那种种结露的物体来比较，以物质论：或是玻璃，或是铜，或是树叶，各各不同。以形状论：或是圆的立体的，或是方的平面的，或是尖的，各各不同。以位置论：或在桌子上，或在墙上，或在空地，各各不同。以时候论：或在冬，或在夏，或在日里，或在夜间，各各不同。除却"传热难，散热易，本体比周围空气较冷"这一个条件外，其余各种情状，没有一样相同。然而同生出结露的现象。又翻过来，取那种种不结露的物体来比较，一个瓷杯，一个陶杯，一个石杯、玉杯、金杯、铜杯、竹杯、木杯，款式容量，都和玻璃杯一样，装着一样多的冰水，同一个时候，摆在一张桌子上，除却"传热难，散热易，本体周围空气较冷"这一个条件外，没有一样和玻璃杯不相同，然而都不能生出结露的现象。于是乎"传热难，散热易，本体比周围空气较冷为结露原因"这一个断案，便成了颠扑不破的真理了。——梁启超《墨子学案》

至此归纳法的应用，当更加明白了。我们和人辩论的时候，准着这种方法，第一步多多的搜集与这问题相同的例子，第二步再搜求相异的事实而得相同的结果的原因；若果推出那不同的原因，与这同的例子并无违反，便可推出他们的共变的结果（或同异交得的断案）。不过我们要晓得：

（一）归纳法不能独擅其长的，必须与演绎法相互运用。因为归纳法搜集众多的事例，又要把这样众多的事例一一去应用，得了断案，成为定理；以后拿他做通则去推论，便是演绎法了。由此可知演绎法的通则，又都是由归纳法生出来的了。譬如，"人皆有死"一个通则，我们用他断定"孔子必死""苏格拉底必死""你必死""我必死"，这也是自古及今大家看见你我同类的人，千千万万，都是不到百年就会死的，所以归纳起来，得了一个"人皆有死"的通例。

（二）宇宙的真理，不是人能一下发见出来的，在这个时期，他发见了一部分，过了一些年，你又发见了一部分。所以此时认为真理的，后来便被人发见一部分的错误，于是所谓由归纳法推定的通例，便失其根据。牛顿《吸力说》出，科学界大庆成功；现在安斯坦的相对论出，而牛顿的学说，又要摇动。可见就是归纳法所推定的通则，也只是一时的，不是永久的。宇宙或有绝对的真理，而人类之智慧有限，科学之所得，只不过一时的，相对的应用通则罢了。

所以，我们和人辩论，不可轻于说绝对的话，就是归纳法、演绎法推定的，也只是比较的，一时的相对的，一来可以免去多少名字上的谬误，二来也可以不致与人以瑕隙[1]、

---

〔1〕 瑕隙：今写作"罅隙"。

授人以攻击之端。

第三节　论辩的方法

我们和人辩论，固然要有名学的根据，又须有以下种种的方法把它表现出来。

（一）达变

天地间找不出两个同样的人，也找不出两株同样的树，举凡攘攘熙熙[1]，林林总总，森罗万象，莫由尽同，所以同一马克斯主义一到了英国，便变成了基尔特社会主义；到了法国，便变成了工团社会主义（Syndicalism）；到了俄国，便变成了多数派社会主义；到了美国，又变成了 I. W. W. 的组合。法国也是共和国，美国也是共和国，瑞士也是共和国，而美国是总统制，法国是内阁制，瑞士是行政委员制。于是，可知无论什么主义，什么制度，甲地同乙地所实现的，一定不同——这就是变的原故。又如，辛亥以前人人视皇帝为神圣不可侵犯，现在却不然了；从前对于军国主义提倡得最厉害，崇拜得最厉害，现在却极力的提倡废督裁兵了；从前称徐世昌做大总统的，现在却请徐世昌走路了；从

---

〔1〕　攘攘熙熙：今一般写作"熙熙攘攘"。

前随孙中山革命的，现在却威迫孙中山退位了，前后判若两人，今昔悬若天渊——这也是变的原故。不过前边的变，是空间性居多；后边的变，是时间性居多。但是我们总要研究他们为什么变呢，这便是要"明因"了。

（二）明因

我们遇到了一个问题：譬如南北问题，我们便要问：为什么陈炯明要联络吴佩孚、孙中山要联络张作霖呢？转过来说：为什么张作霖要与孙中山联络、吴佩孚要与陈炯明联络呢？又譬如：梁启超的思想变迁，我们便要问：为什么他在前清主张君主立宪，革命以后，他也主张共和了呢？做总长的时候，便谈谈政呀，内阁呀，一旦不做官，便又谈起社会来了？又如：胡适的思想的变迁，为什么他初回国的时候，宣言二十年内不谈政治，现在居然主张"好政府主义"，且骂中国的事都是些清高的人不肯出来奋斗弄糟的呢？章太炎为什么始而骂蔡元培劝请孙中山退位，为南方的李完用，没有几天，却又电称黎总统，表示赞成他的意思？把这些问题解答了，便是明因。

（三）征兆

"月晕而风，础润而雨"，是一种征兆；"履霜坚冰至"，也是一种征兆；"见其礼而知其政，闻其乐而知其德"，也是一种征兆。

> 扁鹊过齐，齐桓侯客之。入朝见，曰："君有疾在腠理，不治将深。"桓侯曰："寡人无疾。"扁鹊出，桓侯谓左右曰："医之好利也，欲以不疾者为功。"后五日，扁鹊复见，曰："君有疾在血脉，不治恐深。"桓侯曰："寡人无疾。"扁鹊出，桓侯不悦。后五日，扁鹊复见，曰："君有疾在肠胃间，不治将深。"桓侯不应。扁鹊出，桓侯不悦。后五日，扁鹊复见，望见桓侯而退走。桓侯使人问其故。扁鹊曰："疾之居腠理也，汤熨之所及也；在血脉，针石之所及也；其在肠胃，酒醪之所及也；其在骨髓，虽司命无奈之何。今在骨髓，臣是以无请也。"后五日，桓侯体病，使人召扁鹊，扁鹊已逃去。桓侯遂死。
>
> 仓公答文帝诏问道："……齐侍御史成自言病头痛，臣意诊其脉，告曰：'君之病恶，不可言也。'"即出，独告成弟昌曰：'此病疽也，内发于肠胃之间，后五日当臃肿，后八日呕脓死。'成之病，得之饮酒且内。"——
> 《史记·扁鹊仓公列传》

我引这两段故事，就是要证明"征兆"关系很大。我们遇见一种特异的现象，皆可应用我们的学术经验，判断他将来的结果。章士钊先生说的：

> 夫至全国人举为亡国之预备，是其国有亡征，无可疑也。所谓亡征者何也？亦如前言，外患益益迫，财政益益穷，盗贼益益横行，地方政治益益紊乱，工商业益益衰败，官僚私斗益益急激而已。——《甲寅杂志·政本》

就是这个意思。所以，我们能把一种事理的征兆看得清楚，便可拿他做为论辩的材料。《易经》说：

> 圣人有以见天下之动，而观其会通，以行其典礼。系辞焉以断其吉凶，是故谓之爻。极天下之赜者，存乎卦；鼓天下之动者，存乎辞。

所谓"观其会通"，也只是从意象上着手；所谓"意象"，也不过是"天下之赜"的征兆，以此为论辩的材料，所以说"系辞焉以断其吉凶"。

（四）举例

我们要增加我们辩论的活力，必须善于举例。例是什么？就是某种事实在某种情形之下，或某种境况内涵有某种事实或某种事实情形，在同一情形或境况之下，必生同一的结果。所以，以彼例此，或以此例彼借为辩论的武器，这便叫做举例。《墨子·小取》篇说："援也者，子然我奚独不可以然也？""援"就是"例援"。有人说，援例，例在先而援在后；举例系先下结论，而后举例以证之，其实同物，不能以先后而分其性质。譬如：

> 此观于吾之外交而可知也。前清之末，当局无能，识者訾其媚外，攻之特甚。而吾权利之未尽丧于满清之手，未始非舆论之功。又当时封疆大吏，率多老成，与满廷旨趣，不必划一。每当国有大计，机至迫切，颇能径出所见，慷慨上争，与朝旨忤，所不计也。满洲末运，赖此而维持者不少。庚子之役，刘张二督之保卫东南，今总统袁公之遮蔽齐鲁，明明与政府立异，而举国食其赐。其大证也，而今又何如矣？——《甲寅杂志·政本》

这是用前清末造舆论与督臣和政府立异的好处，做他的"不好同恶异"的主张的例子。又如约翰·德凯的《墨西哥的狄克推脱论》说：

> 凡人论事，事后皆智。以墨乱言之，其先非无补救

之术，特当局者不自知耳。惟美亦然，南北战争，距今五十年矣，而若从今推究所以免除内乱之法，未始无之。惟人性未完，先智不足。史例所诏，往往一国之内，何弊当更，何事当废，而其人民有权更之废之者，乃因循复因循，及至无可挽回，诉之武力。即欲为之，亦已晚矣。墨美固皆同例也。巴士的狱未陷之前数月，路易十六之所让于民者，广大无伦。苟若五年之前，仅出其一部与民更始，革命之祸，吾知免矣。迨站祸既开，无论所愿让者至于何许，要皆无济。以法证墨，又岂不然？——见章士钊先生的《帝政驳议》

这是拿法国革命做墨国革命的例子的。又如：

孙桓子还于新筑，不入，遂如晋乞师。臧宣叔亦如晋乞师。皆主郤献子。晋侯许之七百乘。郤子曰："此城濮之赋也。有先君之明与先大夫之肃，故捷。克于先大夫，无能为役。"请八百乘，许之。——《左传》成公二年

秋，宋大水。公使吊焉，曰："天作淫雨，害于粢盛，若之何不吊？"对曰："孤实不敬，天降之灾，又以为君忧，拜命之辱。"臧文仲曰："宋其兴乎？禹、汤罪己，其兴也勃焉；桀、纣罪人，其亡也忽焉。且列国有

凶，称孤，礼也。言惧而名礼，其庶乎？"——《左传》庄公十一年

上边所谓"城濮之赋也……"和"禹、汤罪己……"云云，是拿已往的史实做例子的。举例第一要亲切，就是要与所辩论的事实，同一性质；第二要酌量所论证的问题的重轻，以为举例多寡的标准。不然，举例太多，喧宾夺主，反足以减少本文的精神。若是对于一个事体举了许多同类的例，然后证明所以的结论，或是先举许多同样的例，然后把他所得的结果抽绎出来，据以论断所辩论的问题，这便近于归纳的名学。《墨子·小取》所说的"推也者，以其所不取之同于其所取者，予之也。是犹谓'也——同他——者同也'，吾岂谓'也——同他——者异也'？"也就是这个意思。

（五）譬喻

当一种事理很费解或是不能直言的时候，则用譬喻以代之，倒也有力，且很经济。譬如：

柳氏啐道："发了昏的！今年还比往年？把这些东西都分给了众妈妈了。一个个的不像抓破了脸的！人打树底下一过，两眼就像那蓝鸡似的，还动他的果子！可是你舅母姨娘两三个亲戚都管着，怎不和他们要，倒和

我来要？这可是'仓老鼠问老鸹去借粮——守着的没有，飞着的倒有'！"——《红楼梦》

又如：

我们应该先从研究中国社会上、政治上，种种具体问题下手，有什么病，下什么药，诊察的时候，可以参考西洋先进国的历史和学说，用作一种"临症须知"，开药方的时候，也可以参考西洋先进国的历史和学说，用作一种"验方新编"。——见《胡适文存·问题与主义》

所谓"仓老鼠问老鸹去借粮……"和"临症须知""验方新编"都是譬喻。又如：

顾说者曰：今之人好以抵排异己罪政府，亦不尽然。某处亦用新人矣，参政且收各派矣，交涉败后，觉引用新学人物之要尤切，举世不谈之"立法院"，至由大总统三令五申，克期举办，子其谓何？愚曰：此《传》所谓"吾且柔之矣"。对抗力且以消失净尽，与曩言保持对抗力，以跻政治于常轨者，不正僢驰也耶？一年以来，顾闻有建议废学校、复科举者，交涉既衄，又闻有颂功德请庆祝者，此其人皆夙称才士能吏，纵非崭新，而亦不能谓旧，顾何以如是？果其自始即持此见，冀贯彻之，吾又何责？而事乃大谬不然。偶见文道溪所遗杂识，谓有谭宗浚者，生平最恶洋务之人也。一日谒相国阎敬铭，阎称洋务不可不习，谭乃走告某御史，请上折设立洋务学堂。某怪之，则曰：非此不足以取悦阎丹初也。今之才士能吏，无往而不阎丹初其主者，故有如此之怪现象。——章士钊的《共和平议》

这种譬喻带有例证性质，故更亲切有味；而"今之才士能吏，无往而不阎丹初其主者"一句，把特别名词用做[1]他动词，越发生动。《说苑》上说。

梁王谓惠子曰："愿先生言事则直言耳，无譬也。"惠子曰："今有人于此，而不知弹者，曰：'弹之状若何？'应曰：'弹之状如弹。'则谕乎？"王曰："未谕也。""于是，更应曰：'弹之状如弓，而以竹为弦。'则知乎？"王曰："可知矣。"惠子曰："夫说者，固以其所知谕其所不知，而使人知之。今王曰'无譬'，则不可矣。"

---

[1] 用做：今写作"用作"。

可以知道譬喻与辩证的关系了。譬喻和举例有时似乎相同，其实不然。举例是用同样的事实来做例子。譬如孟子说，"舜人也；我亦人也。有为者亦若是。"又说："管仲、曾西之所不为，而子为我愿之乎？"譬喻是用不同性质，而仅有一部分的形状或情形和我们所要论证的物事相同，便拿来做譬。如孟子说："饥者易为食，渴者易为饮，德之流行，速于置邮而传命。"孟子和人辩论最善于举例和譬喻，学者可以拿他做为研究的材料。但是像他的"杨子为我，是无君也；墨子兼爱，是无父也。无父无君是禽兽也。"那样的武断的举例和譬喻，便要不得了。

（六）根据

我们和人辩论必须先有立论的根据，就是我们和人辩论所持的标准，也就是我们的根本观念——信仰。譬如中国的政治行动，人民的权力的保障，要以民国《约法》为根据，违背《约法》的袁世凯和徐世昌，人民皆得起而非之、攻之、驱除之。在现在政治活动之下，没有人敢彰明较著的反对《约法》的。（若作学理上的讨论，则不在此例。）又如文学，我们要以古今大文学家的杰作做我们的研究和辩证的根据。不过，这有一层困难，就是甲所信仰，认为可以做辩证的根据的，乙未必也认为可以做辩证的根据。如《可兰经》[1]（Koran），回教徒认为可以做人生行为的标准和知人论世的根据的，耶教徒却视之漠然；无政府党所信仰的典籍，又不能做为共产党所共识为辩证的根据。所以，和人辩论：须要"除客气务尽"，抛却主观见解，所引为根据的，务得听者读者全体的同情，方不致招人反对或反驳，然而难矣。

（七）证据

证据有两种：（一）物证，（二）人证。张三做贼，李先生、王先生说，曾见他夜入某家行窃；镇上失火，李先生同张先生亲眼看见一个人拿着引火物丢在草堆里，事后他们说了，我们因为李、王和李、张都是诚实有信用的人，可以相信张三确是做贼，镇上失火确是人放的。这都是人证，不过人证很不足靠；最好的证据是与这一种事实有直接关系的物事。如路上有一个人，死在地下，头上受了斧痕的重伤，因而致命；于是侦察[2]王二家里有一把斧子，其斧口与伤痕的长阔一样，再检查王二的衣巾上有血迹；又检出王二身边二百块钱的纸币；然后再打听死者的下落，晓得他于某日某夜动身赴某地，身边带有二百块钱中国银行五块钱一张的

---

〔1〕 《可兰经》：通译为《古兰经》。
〔2〕 侦察：今写作"侦察"。

钱币；再回头察^{〔1〕}一察王二的纸币，果然同死者身上的一样，然后再追问王二，这纸币是从那里来的，若果没有确实着落，便可做为王二"谋贼害命，拦路行劫"的证据。又如《红楼梦》中的贾瑞调戏他嫂子凤姐，在凤姐"房后小过道里那间空屋里"抱住贾蓉叫道："亲嫂子，等死我了。"然后贾蔷也来了，若是凤姐真要到贾母跟前去告状，这真是"人赃俱获"，是最确实的证据。这虽是一个滑稽的比譬，然而于此可见物事的关系了。有时人证也没有，物证也没有，只得多多搜集与事实发生有间接关系的情况——旁证——一步一步地推去，也可得到相当正确的辩证。

第四节　论辩文

论辩文的组织，普通的分四部：（一）发端，（二）陈述，（三）证明，（四）结论。

（一）发端

我们做文章或演说，总要先叙明事由，然后才入正文。这样的事由，就是古人所谓"开宗明义第一章"。在本书，我叫他做"发端"。在论辩文或言论的辩论中，这个部分，

---

〔1〕 察：今写作"查"。此类后同。

尤其要紧。要把所论辩的问题的意义和对手方的意见，先行大略申述一番，始足引起读者或听众的注意。因为作者或说者的态度和主张，皆可于发端中推见其一斑。不过，发端的言辞切忌冗长和晦涩。晦涩则读者或听众不易领略，易使他们沉闷；冗长则过费读者或听众的脑力和时间，易使他们厌倦。所以，发端词要简单明了，又要富于摄引力。如：

（1）莒纪公生太子仆，又生季佗。爱季佗而黜仆，且多行无礼于国。仆因国人以弑纪公，以其宝玉来奔，纳诸宣公。公命与之邑，曰："今日必授！"季文子使司寇出诸竟，曰："今日必达！"——《左传》

（2）"天下之治方术者多矣，皆以其有为不可加矣！古之所谓道术者，果恶乎在？"曰："无乎不在。"曰："神何由降？明何由出？""圣有所生，王有所成，皆原于一。"

不离于宗，谓之天人；不离于精，谓之神人；不离于真，谓之至人。以天为宗，以德为本，以道为门，兆于变化，谓之圣人；以仁为恩，以义为理，以礼为行，以乐为和，薰然慈仁，谓之君子；以法为分，以名为表，以参为验，以稽为决，其数一二三四是也。百官以此相齿，以事为常，以衣食为主，蕃息畜藏，老弱孤寡为意，皆有以养，民之理也。

古之人其备乎！配神明，醇天地，育万物，和天下，泽及百姓；明于本数，系于末度，六通四辟，小大精粗，其运无乎不在。

其明而在数度者，旧法世传之史，尚多有之。其在于《诗》《书》《礼》《乐》者，邹鲁之士、搢绅先生多能明之。《诗》以道志，《书》以道事，《礼》以道行，《乐》以道和，《易》以道阴阳，《春秋》以道名分。其数散于天下，而设于中国者，百家之学，时或称而道之。

天下大乱，贤圣不明，道德不一，天下多得一察焉以自好。譬如耳目鼻口，皆有所明，不能相通。犹百家众技也，皆有所长，时有所用。虽然，不该不偏，一曲之士也。判天地之美，析万物之理，察古人之全；寡能备于天地之美，称神明之容。是故内圣外王之道，暗而不明，郁而不发，天下之人，各为其所欲焉以自为方。悲夫！百家往而不反，必不合矣！后世之学者，不幸不见天地之纯，古人之大体，道术将为天下裂。——《庄子·天下篇》

（3）臣伏见天后时，有同州下邽人徐元庆者，父爽为县吏赵师韫所杀，卒能手刃父仇，束身归罪。当时谏臣陈子昂建议诛之，而旌其闾，且请"编之于令，永为国典"。臣窃独过之。——柳宗元《驳复仇议》

上面三个发端：一个是叙辩论的事由，不明下断语，而是非曲直，已在其中；二个是总论全篇的大意；末了一个也是叙述辩论的事由，而末了下个断语。这是他们同之中不同的地方。

（二）陈述

接着发端之后，便入正文。入了正文，便须发表自己对于本问题的意见，或是答辩反对的言论，或是反对人家的主张。有的先历述一般人对于这个问题的舆论，然后陈述自己主张；有的先述所与论辩者对于本问题的意见，次述一般人对于此种意见的赞否，然后才把自己的主张发表出来；也有自己先提出主张，后才把各方面的议论一一批评。甚至有时故作一种惊世骇俗之论，以耸听闻，然后续续陈明，层层论辩，到了末了，卒归于平正通达，亦足以提起读者或听众的好奇心、研究心，以鼓舞他们的兴趣，减少他们的厌倦。例如：

（1）公问其故。季文子使大史克对曰："先大夫臧文仲教行父事君之礼，行父奉以周旋，弗敢失队。曰：'见有礼于其君者，事之，如孝子之养父母也；见无礼于其君者，诛之，如鹰鹯之逐鸟雀也。'先君周公制

《周礼》曰：'则以观德，德以处事，事以度功，功以食民。'作《誓命》曰：'毁则为贼，掩贼为藏，窃贼为盗，盗器为奸。主藏之名，赖奸之用，为大凶德；有常无赦，在《九刑》不忘。'行父还观莒仆，莫可则也。孝敬忠信为吉德；盗贼藏奸为凶德。夫莒仆，则其孝敬，则弑君父矣；则其忠信，则窃宝玉矣。其人，则盗贼也；其器，则奸兆也；保而利之，则主藏也。以训则昏，民无则焉。不度于善，而皆在于凶德，是以去之……"——《左传》文公十八年

（2）不侈于后世，不靡于万物，不晖于数度，以绳墨自矫而备世之急。古之道术，有在于是者，墨翟、禽滑厘闻其风而说之。为之大过，已之大循。作为《非乐》，命之曰《节用》。生不歌，死无服。墨子泛爱兼利而非斗，其道不怒；又好学而博，不异，不与先王同，毁古之礼乐。——《庄子·天下》

（3）臣闻礼之大本，以防乱也。若曰"无为贼虐，凡为子者杀无赦"，刑之大本，亦以防乱也。若曰"无为贼虐，凡为理者杀无赦"，其本则合，其用则异，旌与诛莫得而并焉。诛其可旌，兹谓滥，黩刑甚矣；旌其可诛，兹谓僭，坏礼甚矣。果以是示于天下，传于后代，趋义者不知所向，违害者不知所立，以是为典可乎？盖圣人之制，穷理以定赏罚，本情以正褒贬，统于

一而已矣。

向使刺谳其诚伪，考正其曲直，原始而求其端，则刑礼之用，判然离矣。何者？若元庆之父不陷于公罪，师韫之诛独以其私怨，奋其吏气，虐于非辜，州牧不知罪，刑官不知问，上下蒙冒，吁号不闻；而元庆能以戴天为大耻，枕戈为得礼，处心积虑以冲仇人之胸，介然自克，即死无憾，是守礼而行义也。执事者宜有惭色，将谢之不暇，而又何诛焉？

其或元庆之父，不免于罪，师韫之诛，不愆于法，是非死于吏也，是死于法也。法其可仇乎？仇天子之法，而戕奉法之吏，是悖骜而凌上也。执而诛之，所以正邦典，而又何旌焉？且其议曰："人必有子，子必有亲，亲亲相仇，其乱谁救？"是惑于礼也甚矣。——柳宗元《驳复仇议》

以上三个例子是接续发端所引的文字来的，不过三个例子虽同一陈述，但各有不同。第一个先拿先大夫先君的教训做准则，然后据以发表他对于莒仆必"出诸竟"的道理；第二个例子本系六段平行文字，前五段的组织完全相同。如：

（a）不侈于后世……古之道术，有在于是者，墨翟、禽滑厘闻其风而说之……

（b）不累于俗，不饰于物，不苟于人，不忮于众，愿天下之安宁以活民命，人我之养毕足而止，以此白心。古之道术有在于是者，宋钘、尹文闻其风而悦之……

（c）公而不当，易而无私，决然无主，趣物而不两；不顾于虑，不谋于知，于物无择，与之俱往。古之道术有在于是者。彭蒙、田骈、慎到闻其风而悦之……

（d）以本为精，以物为粗；以有积为不足，澹然独与神明居。古之道术有在于是者，关尹、老聃闻其风而悦之……

（e）芴漠无形，变化无常，死与生与？天地并与？神明往与？芒乎何之？忽乎何适？万物毕罗，莫足以归。古之道术有在于是者，庄周闻其风而悦之……

（f）惠施多方，其书五车，其道舛驳，其言也不中……

上头五段组织完全一样，第六段"惠施多方……其言也不中"组织形式虽稍有不同，而其意义实与上五段相同。一直到"证明""结论"都是平行，此其所以不同也；第三个例子先推原刑礼之本，然后据以辩驳主张旌诛并用之非是。

（三）证明

发表意见之后，必有种种证据——圣贤训典、历史事实，或本问题的因果与事实——举出，始足以坚持立论的根据，确保读者或听众的信仰。

（1）昔高阳氏有才子八人，苍舒、隤敳、梼戭、大临、尨降、庭坚、仲容、叔达，齐、圣、广、渊、明、允、笃、诚，天下之民谓之八恺。高辛氏有才子八人，伯奋、仲堪、叔献、季仲、伯虎、仲熊、叔豹、季狸，忠肃共懿，宣慈惠和，天下之民谓之八元。此十六族也，世济其美，不陨其名，以至于尧，尧不能举。舜臣尧，举八恺，使主后土，以揆百事，莫不时序，地平天成；举八元，使布五教于四方，父义、母慈、兄友、弟共、子孝，内平外成。

昔帝鸿氏有不才子，掩义隐贼，好行凶德，丑类恶物，顽嚚不友，是与比周，天下之民谓之浑敦；少皞氏有不才子，毁信废忠，崇饰恶言，靖谮庸回，服谗搜慝，以诬盛德，天下之民谓之穷奇；颛顼有不才子，不可教训，不知话言，告之则顽，舍之则嚚，傲很明德，以乱天常，天下之民谓之梼杌。此三族也，世济其凶，增其恶名，以至于尧，尧不能去。缙云氏有不才子，贪于饮食，冒于货贿，侵欲崇侈，不可盈厌，聚敛积实，不知纪极，不分孤寡，不恤穷匮，天下之民以比三凶，谓之饕餮。舜臣尧，宾于四门，流四凶族——浑敦、穷奇、梼杌、饕餮——投诸四裔，以御魑魅。

是以尧崩而天下如一，同心戴舜，以为天子；以其举十六相去四凶也。故《虞书》数舜之功，曰"慎徽五典，五典克从"，无违教也；曰"纳于百揆，百揆时序"，无废事也；曰"宾于四门，四门穆穆"，无凶人也。——《左传》文公十八年（续前）

（2）黄帝有《咸池》，尧有《大章》，舜有《大韶》，禹有《大夏》，汤有《大濩》，文王有《辟雍》之乐，武王、周公作《武》。古之丧礼，贵贱有仪，上下有等。天子棺椁七重，诸侯五重，大夫三重，士再重。今墨子独生不歌，死不服，桐棺三寸而无椁，以为法式。以此教人，恐不爱人；以此自行，固不爱己。未败墨子道。虽然，歌而非歌，哭而非哭，乐而非乐，是果类乎？其生也勤，其死也薄，其道大觳。使人忧，使人悲，其行难为也。恐其不可以为圣人之道，反天下之心。天下不堪。墨子虽能独任，奈天下何！离于天下，其去王也远矣！

墨子称道曰："昔者禹之湮洪水，决江河，而通四夷九州也，名川三百，支川三千，小者无数。禹亲自操橐耜，而九杂天下之川。腓无胈，胫无毛，沐甚雨，栉疾风，置万国。禹大圣也，而形劳天下也如此。"使后世之墨者，多以裘褐为衣，以跂蹻为服，日夜不休，以自苦为极，曰："不能如此，非禹之道也，不足谓墨。"

相里勤之弟子，五侯之徒，南方之墨者苦获、已齿、邓陵子之属，俱诵《墨经》，而倍谲不同，相谓别墨。以"坚白""同异"之辩相訾，以觭偶不仵之辞相应，以巨子为圣人。皆愿为之尸，冀得为其后世，至今不决。——《庄子·天下》（续前）

（3）礼之所谓仇者，盖其冤抑沉痛而号无告也；非谓抵罪触法，陷于大戮。而曰"彼杀之，我乃杀之"，不议曲直。暴寡胁弱而已。其非经背圣，不亦甚哉！《周礼》："调人掌司万人之仇。""凡杀人而义者，令勿仇，仇之则死。""有反杀者，邦国交仇之。"又安得亲亲相仇也？《春秋公羊传》曰："父不受诛，子复仇可也；父受诛，子复仇，此推刃之道。复仇不除害。"——柳宗元《驳复仇议》（续前）

第一个例子，是拿史事做证据的；第二个例子，是拿史事，且拿墨者的言论和行为做证据的；第三个是拿圣经贤传做证据的。

（四）结论

到了证据确切、是非已定，便如公堂审判终了，两造辩护的是非曲直，也已显然可见，胜负之数已分，然后审判官据以判断，而谳以定。所以结论在论文中是最重要的部分。因为作者或说者聚精会神地辩论的最后目的就在此一段结论。如：

（1）舜有大功二十而为天子，今行父虽未获一吉人，去一凶矣。于舜之功，二十之一也，庶几免于戾乎！——《左传》文公十八年

（2）墨翟、禽滑厘之意则是，其行则非也。将使后世之墨者，必自若以腓无胈、胫无毛，相进而已矣。乱之上也，治之下也。虽然，墨子真天下之好也，将求之不得也！虽枯槁不舍也，才士也夫！——《庄子·天下》

（3）今若取此以断两下相杀，则合于礼矣。且夫不忘仇，孝也；不爱死，义也。元庆能不越于礼，服孝死义，是必达理而闻道者也。夫达理闻道之人，岂其以王法为敌仇者哉？议者反以为戮，黩刑坏礼，其不可以为典，明矣！请下臣议，附于令，有断斯狱者，不宜以前议从事。谨议。——柳宗元《驳复仇议》

第五节 统一

论辩的统一，自然也是要确守他的题旨，时时倾向他的中心思想。不过太拘守了，转失了文字的活气。所以遇到必要的时候，可以叙述一种故事以抒其气。这好一比：群山万壑，迤逦而来，忽大河当前，势若中断；然而山脉已由地底渡过，隔岸又复层峦叠嶂。此在山势本无伤其脉络联贯，而起伏非常，波澜奔流，益足以增其雄奇，且表现其自然艺术的美。如韩非《说难》说：

> 伊尹为庖，百里奚为虏，皆所由干其上也。故此二子者，皆圣人也，犹不能无役身而涉世如此其污也，则非能仕之所设也。
>
> 宋有富人，天雨墙坏。其子曰："不筑，且有盗。"其邻人之父亦云。暮而果大亡其财，其家甚知其子，而疑邻人之父。昔者郑武公欲伐胡，乃以其子妻之。因问群臣曰："吾欲用兵，谁可伐者？"关其思曰："胡可伐。"乃戮关其思，曰："胡，兄弟之国也，子言伐之，何也？"胡君闻之，以郑为亲己而不备郑，郑人袭胡，取之。此二说者，其知皆当矣。然而甚者为戮，薄者见疑，非知之难也，处知则难矣。

昔者弥子瑕见爱于卫君，卫国之法，窃驾君车者罪至刖。既而弥子之母病，人闻，往夜告之。弥子矫驾君车而出。君闻之而贤之，曰："孝哉！为母之故而犯刖罪！"与君游果园，弥子食桃而甘，不尽而奉君。君曰："爱我哉！忘其口而念我。"及弥子色衰而爱弛，得罪于君。君曰："是尝矫驾吾车，又尝食我以其余桃。"故弥子之行未变于初也，前见贤而后获罪者，爱憎之变也。故有爱于主，则知当而加亲；见憎于主，则罪当而加疏。故谏说之士不可不察爱憎之主而后说之矣。——《史记·韩非列传》

　　昔者郑武公欲伐胡，故先以其女妻胡君以娱其意。因问于群臣："吾欲用兵，谁可伐者？"大夫关其思曰："胡可伐。"武公怒而戮之，曰："胡，兄弟之国也，子言伐之，何也！"胡君闻之，以郑为亲己，遂不备郑。郑人袭胡，取之。宋有富人，天雨，墙坏。其子曰："不筑，必将有盗。"其邻人之父亦云。暮而果大亡其财。其家甚智其子，而疑邻人之父。此二人说者，皆当矣，厚者为戮，薄者见疑，则非知之难也，处之则难也。故绕朝之言当矣，其为圣人于晋而戮于秦也，此不可不察。

　　昔者弥子瑕有宠于卫君。卫国之法，窃驾君车者罪刖。弥子瑕母病，人间，有夜告弥子，弥子矫驾君车以出。君闻而贤之曰："孝哉！为母之故，忘其犯刖罪！"与君游于果园，食桃而甘，不尽，以其半啖君。君曰："爱我哉！忘其口味，以啖寡人。"及弥子色衰爱弛，得罪于君。君曰："是固尝矫驾吾车，又尝啖我以余桃。"故弥子之行未变于初也，而以前之所以见贤而后获罪者，爱憎之变也。故有爱于主，则智当而加亲；有憎于主，则智不当见罪而加疏。故谏说谈论之士，不可不察爱憎之主而后说焉。

我们读到"则非能仕之所设也"，忽然接上"宋有富人……郑人袭胡，取之"一段文字，似乎不相联贯，而一思其意，已可神与之会；后边又接着"然而……处知则难矣"一节按语，更觉息息相通，不但不失文字的统一，反足以增加兴趣。"昔者……而后说之矣"一段用意相同，可以类推。又如章士钊先生《共和平议》引《子华子·晏子问党》篇道：

　　晏子见于子华子曰："日者婴得见于公，公恶夫群臣之有党也。曰：'子将何方以弭之？'婴无以应也。吾子幸教以所不逮，虚心以承。"子华子曰："嘻！君之及此言也，齐其殆矣乎！游士之所以不立于君之朝，以党败之也。人主甚恶其党，则左右执事之臣，有所藉口矣。夫左右执事之臣，其托宠也深，其植根干也固，背诞死党之交，布散离立，联累罗络而为之疏。苟非其人也，则小有异焉者，不得以参处乎其中间也。士以廉洁而自好者，夫孰肯舍其昭昭，以从人之昏昏？洒焉若将浼焉，必不容矣。是以左右执事之臣，因其修而骥之曰：'党人也。'人君曾不是察，随其所甚恶而甘心焉；于是有流放戮辱之事。夫士之自好者，削斫数椽，足以自庇，而一箪之食，足以糊口，其孰肯以不资之躯，而投人主之所必怒者耶？嘻！君之及此言也，齐其殆矣乎！小人之始至于齐也，小异者不容而已矣，今则疑似者削迹矣。小人之始至于齐也，婥阿脂韦者，未必御也。今则服冕而乘轩者矣。小人之至于齐，为日未数数也，而其变更如此，齐其未艾也。人君曾不是察，而左右执事之臣，又原君之所甚恶，因以骥游士之修，举齐之朝将化而为私人矣。日往而月易，筑坛级于宫，而君不知也。嘻！君之及此言也，齐其殆矣乎！"

在这一篇文字，忽然说了这一大段故事，看来也似乎有点有碍文字的统一；然而"专政者之通象"已跃跃纸上，毫不费力，却自有一种蕴藉熨贴之致且堂皇冠冕，令人无可置辩。此种作法，无以名之，名之曰"暗渡法"，犹山之忽而中断，实则由河底以达于彼岸也。

还有一种保持统一的法子，就是：常常把文中重要的语句提出，或稍变更字句提出，以醒读者的耳目，唤起他们的回顾。如《吕相绝秦》一篇就是这个例子。其文如下：

夏四月，戊午，晋侯使吕相绝秦，曰："昔逮我献公，及穆公相好，戮力同心，申之以盟誓，重之以昏姻。天祸晋国，文公如齐，惠公如秦。无禄，献公即世。穆公不忘旧德，俾我惠公用能奉祀于晋，又不能成大勋，而为韩之师。亦悔于厥心，用集我文公，是穆之成也。

"文公躬擐甲胄，跋履山川，逾越险阻，征东之诸侯，虞、夏、商、周之胤，而朝诸秦，则亦既报旧德矣。郑人怒君之疆场，我文公帅诸侯及秦围郑。秦大夫不询于我寡君，擅及郑盟。诸侯疾之，将致命于秦。文公恐惧，绥靖诸侯，秦师克还无害，则是我有大造于西也。

"无禄，文公即世，穆为不吊，蔑死我君，寡我襄公，迭我殽地，奸绝我好，伐我保城，殄灭我费滑，散离我兄弟，扰乱我同盟，倾覆我国家。我襄公未忘君之旧勋，而惧社稷之陨，是以有殽之师。犹愿赦罪于穆公，穆公弗听，而即楚谋我。天诱其衷，成王陨命，穆公是以不克逞志于我。

"穆、襄即世，康、灵即位。康公，我之自出，又欲阙翦我公室，倾覆我社稷，帅我蟊贼，以来荡摇我边疆，我是以有令狐之役。康犹不悛，入我河曲，伐我涑川，俘我王官，翦我羁马，我是以有河曲之战。东道之不通，则是康公绝我好也。

"及君之嗣也，我君景公引领西望曰：'庶抚我乎！'君亦不惠称盟，利吾有狄难，入我河县，焚我箕、郜，芟夷我农功，虔刘我边陲，我是以有辅氏之聚。

"君亦悔祸之延，而欲徼福于先君献、穆，使伯车来，命我景公曰：'吾与女同好弃恶，复修旧德，以追念前勋。'言誓未就，景公即世，我寡君是以有令狐之会。君又不祥，背弃盟誓，白狄及君同州，君之仇雠，而我昏姻也。君来赐命曰：'吾与女伐狄。'寡君不敢顾昏姻。畏君之威，而受命于吏。君有二心于狄，曰：'晋将伐女。'狄应且憎，是用告我。楚人恶君之二三其德也，亦来告我曰：'秦背令狐之盟，而来求盟于我，昭告昊天上帝、秦三公、楚三王曰："余虽与晋出入，余唯利是视。"不谷恶其无成德，是用宣之，以惩不壹。'

"诸侯备闻此言，斯是用痛心疾首，昵就寡人。寡人帅以听命，唯好是求。君若惠顾诸侯，矜哀寡人，而赐之盟，则寡人之愿也。其承宁诸侯以退，岂敢徼乱？

君若不施大惠，寡人不佞，其不能以诸侯退矣。敢尽布之执事，俾执事实图利之。"——《左传》成公十三年

本篇主意在说明"伐秦"之由——晋国怎样有德于秦，怎样对得起秦国，秦国怎样"无成德"，怎样对不起晋国……所以篇中提明"则亦既报旧德矣""则是我有大造于西也""是以有殽之师""我是以有令狐之役""我是以有河曲之战""我是以有辅氏之聚""我寡君是以有令狐之会"，皆是唤醒读者或听者注意的处所所以我叫他做"提醒法"。

至于复说一层，也是保持统一的方法。把主要的思想找些适当的地方或时机，在文中或演说中常常反复申说，以清醒读者或听众对于本问题主要思想的记忆。

第六节　联络

联络在论辩的文字或演说中，算是很重要的一件事。可以说再没有别的，减少文字或论辩的感化力，比没有联络更甚了；也可以说再没有别的，增加文字或论辩的感化力，比有联络更甚了。文字或语言的感应力能以强烈的引入下一句，才能使他本句格外有力；能以强烈地引入一段，才能使本段格外有力。或是有了第一句，第二句才见到好处，有了第二句，才见到第一句和第三句的好处；一段的联络也是如

是。

（一）重要部分的提示

人的一身，自顶至踵，处处都有极自然、极顺序的关联；而最重要的，莫过于神经系统的结合。文字的联络，也专恃注意重要的部分，以为"神经系统"。就是把文中或演说中重要的部分，或明提，或暗示，使他的密切关系，能时时引起读者或听众的注意，自然可以保持，甚至增加联络的精神。此种情形，在论辩文中，固然要紧，在演说中，尤其要紧。因为文字还可以一再寻绎文中意义，演说则一说之后，不能再说，若是不把重要的部分，简单地时时提示，听众必难全体领会。如：

> 且美之批评，虽间亦因人而异，然不曰是于我为美，而曰是为美，是亦以普遍性为标准之一证也。
>
> 美以普遍性之故，不复有人我之关系，遂亦不能有利害之关系。马牛，人之所利用者，而戴嵩所画之牛，韩干所画之马，决无对之而作服乘之想者。狮虎，人之所畏也，而芦沟桥之石狮，神虎桥之石虎，决无对之而生搏噬之恐者。植物之花，所以成实也，而吾人赏花，决非作果实可食之想。善歌之鸟，恒非食品。灿烂之蛇，多含毒液。而以审美之观对之，其价值自若。美

色，人之所好也，对希腊之裸像，决不敢作龙阳之想。对拉飞尔若鲁滨司之裸体画，决不敢有周昉秘戏图之想。盖美之超绝实际也如是。——见《蔡子民先生言行录·以美育代宗教说》

本段虽不言美育代宗教，而处处说美的"超绝实际"，便有取宗教而代之的可能性，这是提示的一个方法——联络的方法。又如：

何以言之？男女构精，名之曰"淫"，此淫名也。淫名，亦生民以来沿习既久，名之不改，故皆习谓淫为恶耳。向使生民之初，即相习以淫为朝聘宴飨之巨典，行之于朝庙，行之于都市，行之于稠人广众，如中国之长揖拜跪，西国之抱腰接吻，沿习至今，亦孰知其恶者？乍名为恶，即从而恶之矣。或谓男女之具，生于幽隐，人不恒见，非如世之行礼者光明昭著，为人易闻易睹，故易谓淫为恶耳。是礼与淫，但有幽显之辨，果无善恶之辨矣。向使生民之始，天不生其具于幽隐，而生于面额之上，举目即见，将以淫为相见礼矣，又何由知为恶哉？——谭嗣同《仁学》

这一段就名之用发挥"天地间仁而已矣，无所谓恶也。

恶者，即其不循善之条理而名之，用善者之过也"的道理。虽不提出"仁"之名，而"习谓淫为恶"理明辞达，意思已流露于外，所以在本文不失其联络，其提示之法，与前略同。

（二）明显的关系

上边所说的联络方法，虽说用来可以使文字或语言前后衔接，不相离贰，但还不甚明显，读者或听众，还要用些脑力去贯穿他的意思，不如把他的明显的关系——题旨——常常提出，自然可以得到自然的联络。如：

> 宝钗道："起首是《忆菊》，忆之不得，故访；第二是《访菊》，访之既得，便种；第三是《种菊》，种既盛开，故相对而赏；第四是《对菊》，相对而兴有余，故折来供瓶为玩；第五是《供菊》，既供而不吟，亦觉菊无彩色；第六便是《咏菊》，既入词章，不可不供笔墨；第七便是《画菊》，既为菊如是碌碌，究竟不知菊有何妙处，不禁有所问；第八便是《问菊》，菊如解语，使人狂喜不禁；第九是《簪菊》，如此人事虽尽，犹有菊之可咏者；《菊影》《菊梦》二首，续在第十、第十一；末卷便以《残菊》总收前题之盛。这便是三秋的妙景、妙事都有了。——《红楼梦》

这一段文字的次序既异常自然，而他的关系又异常明显，文字上的联络可算得天生成的了。这样的联络，文言文白话文中很多，读者稍加注意，便可得着许多例子。

第七节　重点

论辩文或演说中，重点也是一件重要的事。一篇文字或一场演说，若是没有几处吃劲的地方，定然不能引起读者或听众的兴趣。不是读了一段两段便丢掉，便是听了十句八句便跑开。所以，要想人家读了越想读，听了越想听，自然要特别注意重点的地方，然要不外乎：（1）发端；（2）中权；（3）后劲。发端没有劲，后面虽有好文章、好议论，不能等到人家读到或听到好处，便没有味了；中权，就是文字或演说的中间，若果没有劲，读者或听众便要中道而废；后劲，就是文字或演说的煞尾，若是没有劲，人家就是勉强读了或听了，也不过等诸过眼浮云，或如东风之吹马耳，那里还能留着深的印象在他们脑筋里面？所以，发端、中权、后劲，都要有重点。如：

十月，晋阴饴甥会秦伯，盟于王城。秦伯曰："晋国和乎？"对曰："不和。小人耻失其君而悼丧其亲，不

惮征缮以立围也，曰：'必报仇，宁事戎狄！'君子爱其
君而知其罪，不惮征缮以待秦命，曰：'必报德，有死
无二。'以此不和。"——《左传》僖公十五年

这一段言语，始而曰"不和"，以晋国之败，而敢出此
言，实在骇人听闻，继而曰"必报仇"，曰"必报德"，这
样的决心，又属令人佩服；终则曰"以此不和"戛然而止，
斩钉截铁，凛然难犯，何等有劲！至于前节所说的复说一
法，也可以应用来作重点。

后　记

　　"文心经典"丛书终于陆续付梓了，这是一件可喜可贺的事情。

　　"文心经典"的研究与酌定一波三折，先拟粗探于作文理论，后拓展于语文理论，再酌精于阅读作文理论，终专注于作文理论；丛书命名亦由初"作文大家谈"再而"语文大家谈"，三而"大家经典"，终酌定为"文心经典"。

　　"夫文心者，言为文之用心也"（《文心雕龙·序志》），"文心"是指作者"为文"的用心，也即作文的用心。文心出版社自《作文》期刊而立社。《作文》创刊于1981年3月，刊名为叶圣陶先生题写。文心出版社成立于1985年2月，社名取《文心雕龙》"文心"之意。"文心经典"是原著作者作文理论研究之结晶，是对作文之"文心"的深度阐释，对习作者具有引导之效，对当代作文教学者亦有借鉴之用。丛书名以"文心经典"名之，是再恰当不过的了。

作文理论研究是枯燥的，也可以说是出力不讨好的事情，研究者鲜见。所幸的是，作文教学研究课题组承担了这一任务，为"文心经典"丛书的顺利出版创造了必要的条件。

作文教学研究课题组是由中国教育学会中学语文教学专业委员会（以下简称"中语专委会"）于2014年7月批准立项而组建的，其前身是1984年8月成立于河南郑州的"全国作文研究中心"，后该中心设于文心出版社。

作文教学研究课题组不仅汇聚了一批全国一流的作文理论领域的研究者，更有中语专委会理事长顾之川先生、全国中语会原代理事长张定远先生、中国阅读学研究会会长徐雁先生、中语专委会学术委员会主任伊道恩先生、中国阅读学研究会常务副会长甘其勋先生、河南省基础教研室中语学科主任丁亚宏女士、江苏省特级教师蔡明先生等出任学术顾问，这为课题组的课题研究提供了有力的学术支持。

2014年，作文教学研究课题组着力于对近现代作文理论著作做系统全面的梳理，列出了"文心经典索引书目"，并初步确定了作文理论研究的四大基本分支——作文通论、作文分论、作文文体论、作文散论，为作文教学理论的进一步研究指引了航向，也为"文心经典"丛书的出版明晰了思路。

2015 年，作文教学研究课题组着力对各大分支的代表作做专题性研究，发掘其价值，为当代作文教学改革提供理论借鉴或支撑的同时，也为"文心经典"丛书作文理论著作的圈定提供了依据。"文心经典"丛书的出版，也可以说是作文教学研究课题组对我国近现代作文理论研究的阶段性成果的一次展现。

2016－2018 年，作文教学研究课题组将对中外作文理论予以系统性梳理，为当代作文理论的创新做铺垫性的工作，为推动当代作文教学改革提供理论支持。这也必将推动"文心经典"丛书的出版再跃新高度。

"文心经典"丛书的出版，首先得益于顾之川先生的鼎力支持。他不仅支持作文教学研究课题组的作文理论研究，还组织了一批对作文理论有研究有建树的知名专家学者，如北京师范大学的刘锡庆教授、福建师范大学的潘新和教授等，并且还身体力行为数部"文心经典"的理论著作撰写导读。让人感动的是，2015 年国庆节，平素工作极为繁忙的顾之川先生没有去度假，而是对"文心经典"丛书的所有导读再次仔细审阅修改；更让人动容的是，顾之川先生发现《作文述要》电子校对稿存在一些错误，便打印出来，将错误之处一一改正，寄给了文心出版社具体负责"文心经典"项目的贾为敏先生。这种学者风范不是用"严谨"之类词语可以概括的，实则浸润着顾之川先生对文心出版社绵绵不绝的厚爱。

"文心经典"丛书的出版，也得助于文心出版社和中原大地传媒股份有限公司的出版政策支持。作文理论研究是枯燥的，读作文理论著作也同样是枯燥的。"文心经典"丛书的读者多是语文教师和作文理论研究者，其销量是有限的。这些著作并非因为销量有限而无价值，相反，列入"文心经典"丛书的，在作文理论建树上都有其独特的价值。文心出版社是以作文为出版核心的专业出版社，实力相对较弱，就成本利润来说，出版"文心经典"就意味着亏本；对于致力于为当代作文教学提供理论支撑的作文出版专业出版社来说，文心出版社素来视社会效益为立社之本，素来以出版有价值的图书为核心，不会因亏损而不出版。文心出版社王钢社长、马保民总编等社领导特别关注课题组的研究活动，在"文心经典"丛书的出版政策上予以坚定的支持，在人力物力等的调配上予以特殊的倾斜。当然，单凭出版社的力量，"文心经典"丛书的出版依然困难重重。此时，中原大地传媒股份有限公司，尤其是公司出版业务部郭孟良主任和产业发展专项资金管理领导小组的同志等非常关注"文心经典"项目，给予了宝贵的政策支持，并将其列为公司重点资助项目之一，可谓雪中送炭。

"文心经典"丛书的出版，更得助于原著作者或其家人的无私支持。如陈望道先生的家人、唐弢先生的家人、叶圣陶先生的家人等，他们得知出版"文心经典"丛书出版的根本目的是为了推动当代作文教学改革，纷纷给予宝贵的支持。当然，也有缺憾，有的著作出版年代久远，作者情况无法查询；有的则是著作权的继承者无法联系。若对这些著作视而不见，不仅仅是学术研究的短视，对当代作文教学改革也是极为不利的。研究并出版这些著作，既是对学术的尊重，也是对原作者应有的尊重，对当代作文教学改革无疑也是有益的。

　　"文心经典"丛书的出版，还得助于一些机构和图书馆的特别支持。"文心经典"原著和作者等资料的查证与信息的获得是非常不易的，但在此过程中，我们得到了中国国家图书馆、上海鲁迅纪念馆、复旦大学图书馆、上海图书馆等的支持，非常难得，非常宝贵！

　　"文心经典"丛书的出版，亦得益于贾为敏先生的不懈努力。"文心经典"著作的选择、原著版本的甄别、有关资料的获取、相关权益人的联系等，都困难重重；丛书编校工作的统筹、出版各环节的协调等，也同样艰巨与繁重。他为此付出了令人难以想象的艰辛劳动，其对作者的尊重、治学态度、执着求索、奉献精神令人称赏。

　　"文心经典"丛书的出版虽然一波三折，然而得到了众多的宝贵支持，谨在此，"文心经典"项目组向所有关心支持"文心经典"丛书出版的机构与人士致以诚挚的谢意！

注校说明："文心经典"丛书的编校，以保持原著原貌为基本原则，作者著述行文之文字，不以现代汉语规范、现代出版规范、语言习惯而规范之、统一之、现代之，但可视其情况作脚注；行文、标点、序数词语等若错乱的，可视情况更改，一般不作脚注；作者引用典籍之文字，可按原著原版校对，也可视情况校勘，一般不作脚注。贾为敏先生为本书做注校。

版本说明：本书以《国文作法》亚东图书馆 1922 年 8 月初版、1932 年 8 月第 12 版为底本，删去原著中的附录部分；参校《国文作法》亚东图书馆 1922 年 8 月初版、1930 年 10 月第 11 版。

"文心经典"丛书难免会有一些瑕疵，诚望各位专家学者批评指正。联系邮箱：zwjxyjktz@126.com。

作文教学研究课题组

"文心经典"项目组

2016 年 7 月

图书在版编目(CIP)数据

国文作法 / 高语罕著. — 郑州 : 文心出版社,
2017. 1(2019.1重印)
 (文心经典 / 顾之川主编)
 ISBN 978 – 7 – 5510 – 1297 – 3

Ⅰ.①国… Ⅱ.①高… Ⅲ.①汉语 – 写作 Ⅳ.
①H15

中国版本图书馆 CIP 数据核字(2016)第 177145 号

出版社:文心出版社
　　(地址:郑州市经五路 66 号　　　邮政编码:450002)
发行单位:全国新华书店
承印单位:北京博海升彩色印刷有限公司
开本:850 毫米 ×1168 毫米　　1 / 32
印张:10. 875
字数:209 千字
版次:2017 年 1 月第 1 版　　**印次:**2019年 1 月第 3 次印刷
书号:ISBN 978 – 7 – 5510 – 1297 – 3　　　**定价:**27. 10 元